Friedrich Philipp Usener

Geschichte der Ritterburgen und Bergschlösser in der Umgegend von Frankfurt am Main

Friedrich Philipp Usener

Geschichte der Ritterburgen und Bergschlösser in der Umgegend von Frankfurt am Main

ISBN/EAN: 9783955641115

Auflage: 1

Erscheinungsjahr: 2013

Erscheinungsort: Bremen, Deutschland

EHV
HISTORY

Beiträge

zu der Geschichte

der

Ritterburgen und Bergschlösser

in der Umgegend

von

Frankfurt am Main,

von

Dr. F. P. Usener,
Schöff und Syndicus.

Frankfurt a. M.,
Verlag von Jacob Stiefel.

1852.

RUINE BEI BERGEN.

BEITRÄGE zu der Geschichte der Ritterburgen und Bergschlösser in der Umgegend von FRANKFURT a/M.

von
Dr. F. P. Usener
Schöff und Syndicus.

Reiffenberg.

FRANKFURT a/M.
Verlag von Jacob Stiefel
1852.

Vorwort.

Was ich in Stunden der Muse über die Geschichte mehrerer Burgen und Bergschlösser unserer Gegend gesammelt und niedergeschrieben habe, enthalten folgende Blätter. Gedruckte Nachrichten, ungedruckte Urkunden, letztere meistens aus dem Archive der freien Stadt Frankfurt, mündliche Mittheilungen glaubwürdiger Augenzeugen, eigene Erfahrung und Anschauung, sind die Quellen dieser Darstellungen; deren einige schon früher, einzeln gedruckt, hier berichtigt und vereinigt erscheinen. Mögen solche, Allen, die zu diesen Trümmern wandern, und den wechselnden Schicksalen, die sie aufbauten, erhielten und in den Staub warfen, Theilnahme schenken, ein willkommener Führer sein.

Frankfurt am 26. November 1851.

Inhalt.

I.

Die Burg bei Bergen.

Um des Kirchleins öde Mauer,
Um der Todtengrüfte Schauer
Wehet der Zerstörung Trauer.

Die Burg bei Bergen.

Zwischen Frankfurt und Hanau, eine halbe Stunde nördlich von dem Main, erhebt sich, sechshundert und zwanzig Fuß über das Meer und ohngefähr 360 Pariser Fuß über den Mainspiegel, eine Anhöhe. Sie trägt auf ihrem von goldenen Saaten umwogten Gipfel einen weithin schauenden, altersgrauen, mit der Jahrzahl 1557 bezeichneten, und im Jahr 1844 mittelst einer Treppe von außen zugänglich gemachten Wartthurm, und in dessen Nähe das Schlachtfeld von Bergen (13. April 1759). Die Aussicht von hier erstreckt sich rundum über reiche Fluren, in deren Schooße, südlich vom Main und nördlich von der Nidda durchströmt, mehr als zweihundert Städte, Flecken, Dörfer und Höfe, unter ihnen Hanau, Offenbach, Darmstadt, Frankfurt, Homburg, Friedberg und andere ruhen, bis zu den Gebirgen der hohen Rhön, des Vogelsbergs, des Spessarts, des Freigerichts, des Odenwaldes, der Bergstraße, des Donnersbergs und des Höhe-Gebirges (des Taunus). Nur wenig unterhalb der Warte, südöstlich, wo die Anhöhe, von Weinbergen umgrünt, sich steil in die Ebene zum Dörfchen Enkheim senkt, liegt in einem Kranz von Obstbäumen der uralte, vielbesuchte Kurhessische Marktflecken Bergen [1])

---

[1]) Bergen, der alte schon 907 vorhandene Hauptort der Grafschaft des Bornheimerbergs, ist mit einer Mauer umgeben und es zeigen sich Reste eines Grabens und Walls. Mehrere Thürme befinden sich in der Mauer, von denen

1*

durch seine herrliche Lage und Aussicht [2]), durch die Schlacht [3]) und Weinbau berühmt.

---

zwei Beachtung verdienen. Beide haben oben einen Umgang, aus dem sich eine gemauerte Spitze erhebt. Derjenige, welcher auf der Ecke steht, wo sich die Mauer von Osten nach Norden wendet, hat zu gleicher Erde ein mit einem Eingang versehenes, mit doppelten Thüren verwahrtes, sonst dunkles Gewölbe, in früherer Zeit wohl zu einem Gefängniß benutzt. Eine Oeffnung am Boden führt in ein kleines Gewölbe, wahrscheinlich zur Aufnahme von Unrath bestimmt. An der Seite steht ein stark mit eisernen Banden verwahrter eiserner Ofen. Außerhalb des Thurms, in einer Höhe von ohngefähr 25 Fuß, öffnet sich eine, nur auf einer Leiter zu ersteigende Thüre, zwischen zwei hervorragenden Tragsteinen, die in einen gewölbten Raum führt, den mehrere Schießscharten erhellen. Die Mauer hat hier noch eine Dicke von sechs Fuß. Hier deckt in der Mitte des Bodens eine Steinplatte eine runde Oeffnung, welche in einen Raum führt, der sich zwischen dem unteren und mittleren Gewölbe befindet, und ebenfalls Licht durch schmale Oeffnungen erhält. Eben so befindet sich in der Höhe eine viereckige Oeffnung, durch die man in die gemauerte Spitze des Thurms gelangt, aus welcher eine Thüre auf den Umgang des Thurms führt. Ueber dieser Thüre steht in arabischen Ziffern die Jahrzahl 1549 eingehauen. Die Gewänder der untern Thüren sind von Basalt, und deuten somit auf ein höheres Alter des Thurms selbst, die obere Thüre ist mit Sandstein eingefaßt, der erst später in dieser Gegend — allenfalls im Anfang des vierzehnten Jahrhunderts in Gebrauch kam. Die Thüre auf den Umgang scheint hiernach später hergestellt. Selten wird wohl dieser Thurm untersucht, da solches nur auf Leitern geschehen kann. Der Verfasser dieses hat es mehrmals gethan, und das Innere durchaus wohlerhalten gefunden.

Der andere Thurm auf der Ecke der nördlichen und westlichen Mauer ist dem eben beschriebenen ähnlich, nur niedriger, und in der Höhe mit einem Bogen-Fries verziert, das ersterm mangelt. Auch in diesem befindet sich gleicher Erde ein Gefängniß, mit einem wohlverwahrten eisernen Ofen. Ein in dem Boden befindliches kleines Gewölbe mit einer Oeffnung nach oben, ist theilweis verwittert, und geht dem Einsturz entgegen.

Zwei Hauptthore führen durch viereckige Thürme in den Marktflecken Bergen, die beide nichts Besonderes bieten. Bis vor wenigen Jahrzehnten wurden sie des Nachts verschlossen. Von außen am Oberthor steht über dem Hanauschen Wappen in sogenannter gothischer Schrift: anno domini MCCCCLIII. (1453) eingehauen. Unter dem äußern Bogen des Unterthores steht in arabischen Ziffern die Jahreszahl 1487 und außen rechts etwas höher als der Thorbogen ist ein länglicher Stein eingemauert, auf dem in halberhabener Arbeit ein menschlicher Kopf ausgehauen ist, der aus einer Hülle hervorsieht, aus welcher

Ehemals war Bergen der Hauptort des zum Kaiserlichen Pallast in Frankfurt gehörigen Kammer-Guts, der Grafschaft des Bornheimer-

---

zwei Eselsohren hervorragen, neben welchem eine Hand ein flatterndes Band hält, worauf in gothischen Buchstaben eine verwitterte und schwer zu enträthselnde Inschrift — vielleicht von Gots Geburt — und sodann in arabischen Ziffern die Jahrzahl 1479, letztere deutlich, befindlich ist.

In Bergen bestanden drei Kirchen; die eine auf der südwestlichen Seite außerhalb der Mauer, dem heiligen Hubertus gewidmet, und Erbbegräbniß der Familie der Schelmen von Bergen; die andere, worin seit der Reformation der Gottesdienst der Reformirten gehalten ward, ein einfaches, ganz schmuckloses Gebäude, das erst in späterer Zeit errichtet worden zu sein scheint, mit einem in der ersten Hälfte des achtzehnten Jahrhunderts erbautem Thurm. Da sich an diese der Begräbnißplatz anschließt, so ist die Vermuthung nahe, daß hier die zur Mainzer Diözöse gehörige Pfarr-Kirche stand.

Im Jahr 1360 Kal. Mart. bestätigt der Erzbischoff Gerlach von Mainz eine ehehin von den Rittern von Vilbel geschehene Stiftung und Dotation eines Altares zu Ehren des heiligen Nikolaus in der Pfarrkirche zu Bergen.

Kuchenbecker Anal. Hass. VIII. S. 314.

Eben so geben und antworten Emmelrich und Byngen, dessen ehliche Wirthin, am Freitag vor Palmsonntag 1333 dem Weißfrauen-Kloster in Frankfurt Hans und Garten in Bergen mit der Verpflichtung auf Martinstag des heiligen Bischofs

dreizehn Colsche Pfennige dem Capplan, der da besinget die Capellen zu sante Nicolausse zu Bergen. — — —

Durch Got vor ir Sele vnd irer Altfordern Sele vnd vor alle Gläubigin Selin.

Kuchenbecker Anal. Hess. VIII. S. 308.

Die dritte, von den Lutheranern benutzte Kirche, ein kleines gothisches im Innern gewölbtes Gebäude, ist sehr alt. Es wird ihrer schon im Jahr 1284 erwähnt, wo dieselbe von Geistlichen des Klosters Haina, das in Bergen begütert war, versehen wurde. In diesem Jahr (Non. Sept.) schenkten nämlich der Ritter Bertram von Vilbel und seine Gattin Margarethe dem Kloster Haina ihre Güter in Bergen mit der Auflage, daß das Kloster ihnen, so lange sie leben, eine jährliche Rente verabfolgen, und dafür sorgen solle, daß während ihren Lebzeiten dreimal, nach ihrem Tode aber täglich Gottesdienst in der Kapelle gehalten werde.

Kuchenbecker l. c. VIII. S. 294.

Im Jahr 1381 glaubte Richard von Vilbel diese Schenkung anfechten zu können. Bei näherer Prüfung entsagte er jedoch seinen Ansprüchen „tertia feria post diem beatorum Apostolorum Petri et Pauli," unter der Bedingung:

bergs, wurde sodann von Kaiser Ludwig dem Baier im Jahr 1336 an die Dynasten von Hanau verpfändet, und fiel nach deren Aus-

---

daß die Herren von dem Heynisse der von Felvil gedenken in erne Gebede, auch sollen sie die Cappellen zu Bergen halten in aller der Masse, als sie er Briebe besagen.

Kuchenbecker l. c. VIII. S. 315.

Die über der westlichen Thüre dieser Kirche eingehauene Jahrzahl 1524 bezeichnet ohne Zweifel, nur eine, vielleicht mit dieser Thüre vorgenommene Herstellung.

Nach vor einigen Jahrzehnten eingetretener Vereinigung der reformirten und lutherischen Gemeinden, die jetzt ihren Gottesdienst in der reformirten Kirche feiern, ward diese Kirche verkauft, das auf solcher westlich über dem Dach befindliche Thürmchen abgebrochen, und das Gebäude in eine Scheune verwandelt.

[2]) Die Aussicht bei Bergen gehört unstreitig zu den reichsten und schönsten in Deutschland. Sie wird südlich von dem Main und nördlich von der Nidda durchzogen und erstreckt sich über die bevölkertsten und fruchtbarsten Gegenden des Kurfürstenthums und des Großherzogthums Hessen, des Baierischen Untermainkreises, des Herzogthums Nassau, der Landgrafschaft Hessen-Homburg und der freien Stadt Frankfurt. Nahe an zweihundert Städte, Dörfer und Höfe erblickt man hier den Horizont begrenzen von Morgen nach Süden ꝛc. die hohe Rhön, das Freigericht, den Spessart, den Odenwald, die Höhen der Bergstraße, den Donnersberg, das Höhe-Gebirg (den Taunus) und den Vogelsberg.

[3]) In dem siebenjährigen Kriege am 13. April 1759 griff der Herzog Ferdinand von Braunschweig — der den Plan hatte, die Franzosen von dem Main und dem Rhein zu verdrängen — von Windecken aus vorrückend, mit ohngefähr 33,000 Mann Fußvolk und 6000 Mann Reiterei der alliirten Armee, die französische Heeresmacht an, die unter den Befehlen des Duc de Broglio sich von der westlichen Spitze des Vilbeler Waldes über die Warte hin aufgestellt hatte. Ihre Stärke war ohngefähr jener der Alliirten gleich, doch hatten die Franzosen die vortheilhaftere Stellung und stärkere Artillerie voraus. Wiederholte Angriffe der Alliirten, die schon Morgens nach acht Uhr begonnen hatten, mißlangen, und gegen Abend zogen sie sich in ihre am Morgen genommene Stellung zurück, welche sie Nachts um 10 Uhr verließen, und nach Hessen aufbrachen. An Todten und Verwundeten verloren:

1) die Hessen . . .	58	Offiziere	und	1101	Gemeine,	überhaupt	1159	M.
2) „ Preußen . .	—	„	„	35	„	„	35	„
3) „ Hannoveraner .	29	„	„	595	„	„	624	„
4) „ Braunschweiger	31	„	„	530	„	„	561	„
	118	Offiziere	und	2261	Gemeine,	überhaupt	2379	M.

sterben (1736) an Hessen-Cassel. Wenige Jahre war es ein Theil des ephemeren Großherzogthums Frankfurt. Die Höhe auf welcher Bergen liegt, so wie das zu Bergen gehörige Amt, welches die meisten Dörfer der alten Grafschaft umfaßte, führte den Namen des Bornheimer Bergs bis vor einigen Jahren dasselbe in die Aemter Bergen und Bockenheim getheilt ward, und dieser althistorische Namen erlosch.

Kommt man von Frankfurt nach dem dreiviertel Meilen von da entfernten Bergen, so erscheint außerhalb der Ortsmauern links die Burg, ein stattliches Gebäude aus neuerer Zeit, von einem Wassergraben umgeben, und nur über eine Brücke zugänglich. Hier war seit uralten Zeiten der Stammsitz der Schelmen von Bergen, eines der ältesten Ministerialen-Geschlechter des Kaiserlichen Palastes in Frankfurt, das schon im Jahr 1194 urkundlich erscheint [4]). Sie waren vielbegütert, in Seckbach und Bornheim zu sieben Achtel Gerichtsherren (Ein Achtel gehörte den Grafen von Solms) daselbst, zu Dortelweil, Carben, Berkersheim, Bergen, Gronau, Preungesheim, Hochstadt, Gelnhausen, Rödelheim, [5]) Dorn-Assenheim, Reibach, Fried-

---

Die Hessen verloren außerdem 252 Pferde. Der Hessische Generallieutenant Casimir Prinz von Isenburg, welcher den rechten Flügel des ersten Treffens befehligte, verlor bei dem ersten Angriff sein Leben durch eine Falkonet-Kugel, die mit dem Knopf des Oberrocks durch den Ordensstern in die Brust drang. Die Franzosen gaben ihren Verlust auf achtzehnhundert Mann, doch sicherlich viel zu gering an, der von andern sogar auf sechstausend Mann geschätzt ward. Unter den Todten befand sich der Commandirende der Sachsen, Generallieutenant von Dyher, der Graf Sparr, der Oberst de Clozen, der Artillerie-Brigadier De Chabrier und Andere.

Die Alliirten verloren sechs Hannöversche sechs- und dreipfündige Kanonen, dagegen befanden sich vier französische Kanonen in Händen der Alliirten.

Kugeln in mehreren Häusern in Bergen eingemauert, sind noch jetzt die wenigen Zeichen der Schlacht.

[4]) Fichard Entstehung der Reichsstadt Frankfurt 1819. S. 850. — Archiv für Frankfurts Geschichte und Kunst. Heft 2. S. 67.

[5]) Am 23. April 1223 verzichten Werner und Gerlach Schelm auf sieben Mansos, die sie sich in Rödelheim angemaßt hatten. — Böhmer cod. dipl. Francof. S. 93, und am 24. Mai 1276 tritt Werner Schelm an König Rudolph einen Theil des dortigen Schlosses ab, und empfängt solches zu Lehen. Das. S. 176 und 180. — Im Jahr 1300 kauft Herrmann Schelm von Ber-

berg, Großen Carben, im Hain, im Amt Otzberg, im Odenwald, in Nied bei Höchst am Main, in Heidersheim und an anderen Orten mit Gütern und Gefällen angesessen. Schon 1223 hatten sie über Gefälle in Nied Streit mit dem Stift unserer lieben Frauen ad gradus in Mainz. [6]) Einen Theil des Zehntens in Bergen erhielt Werner Schelm Calendas Martii 1272 von H. Gottfried senior und Gottfried junior von Eppstein zu Lehen [7]); einen andern erwarb derselbe (Wernher miles dictus Schelm) im Jahr 1274 Calendas Julii von dem Bartholomäus-Stift in Frankfurt in Erbbestandesweise gegen eine jährliche Abgabe von zwanzig Malter Korn und zwanzig Malter Waitzen. Noch bis zur neuesten Zeit ward die Korn-Rente entrichtet, und erst im Jahr 1822 der Stadt Frankfurt, auf welche solche bei Secularisation der Stifter (1803) gefallen war, abgekauft [8]). Ihre von den Dynasten von Falkenstein zu Lehen tragenden Güter in Heidersheim und vier Huben (mansos) Land in Bergen gaben pridie nonas Septembris 1269 Gothofredus miles de Bergen et Conradus frater ejus dem Lehensherrn mit der Bitte zurück, solche dem Kloster Haina zu übergeben. Die Falkensteiner Philipp der Vater und dessen Sohn Philipp schenkten solche hierauf dem Kloster zu eigen, mit Ausnahme

---

gen Güter in Dortelweil. Das. S. 333. und Gerlach Schelm, Miles, ist in demselben Jahre judex in villa Redelinheim. Das. S. 330.

[6]) Fichard a. a. O. S. 78. — Joannis script. rer. Mog. II. 656. — Böhmer l. c. S. 39.

[7]) Urkunde im Schelmischen Archive. — Dieses Archiv der Berger Linie, — wenn man nämlich ein Chaos der verschiedenartigsten Litteralien so nennen will — befindet sich in der Registratur des Kurhessischen Obergerichts in Hanau deponirt, wohin solches gebracht wurde, als nach dem Absterben des Lieutenants von Rotsmann, die Schelmische Erbschaft eröffnet, und dessen Verlassenschaft sequestrirt ward. Der Verfasser dieses hat solches am 26. Juli 1828 daselbst genau durchgesehen.

Merkwürdig ist, daß sich unter diesen Litteralien eine lateinische Original-Urkunde auf Pergament des König Wilhelm (von Holland) von dem Jahr 1253 vorfindet, worin derselbe der Pfarrkirche in Aschaffenburg dreihundert Mark Silbers verschreibt. Es erklärt sich vielleicht daher, daß Gerlach und Johannes Schelm von Bergen im Jahr 1298 Canonici gedachter Kirche waren, und als solche in den Besitz dieser Urkunde gekommen sein mögen.

[8]) Böhmer l. c. p. 170. — Urkunde im Frankfurter Archive.

der vier Huben Land in Bergen, welche sie solchem nur zu Lehen verliehen [9]).

Die Schelmen gehörten zu der Wetterauschen Ritterschaft und mehre (z. B. Sibold und Gerlach 1382, und ein anderer Sibold 1484, waren Burgmänner, und noch in späteren Zeiten Hans Andreas 1632, und dessen Sohn Johann Weiprecht 1664, Unterburggraf in Friedberg [10]). Erstere beide waren zugleich Ganerben in Reiffenberg, zu Saubelnheim und zu Cammerburg, sodann Mitglieder der Gesellschaft zum Herz. Auch in Bommersheim, einer schon im Jahr 1382 zerstörten, bei Oberursel gelegenen Burg, waren Schelmen Ganerben [11]). Im Jahr 1404 hatte Sibold Schelm von Bergen zehen Gulden Burglehen im Schloß zum Dreieichenhain von dem Dynasten Philipp von Falkenstein, und 1453 ist Eberhard Schelm Burgmann auf Neufalkenstein [12]). Zwischen Bergen und Seckbach lag eine Kirche, in welche letzterer Ort eingepfarrt war. Von ihrer Lage hieß sie die Bergkirche und die Gegend der Kirchberg. Die Schelmen waren hier, als Zehentherrn, Patronen und besetzten schon im Jahr 1381 den Glöcknerdienst daselbst [13]). Als die Reformation in Seckbach eingeführt wurde, ward im Dorf eine lutherische Kirche erbaut, und die Bergkirche den Reformirten überlassen. Seit dem Jahr 1718, wo auch in dem Dorfe eine reformirte Kirche erbaut ward, die dermalen nach Vereinigung der beiden protestantischen Confessionen zum Schulhaus eingerichtet ist, zerfiel das baufällige, schon seit dem Jahr 1737 geschlossene Gebäude, und im siebenjährigen Kriege 1757 ward das Gemäuer abgebrochen und die Steine wurden zum Wegbau verwendet [14]). Bei Bergen stand gleichfalls die obener-

---

[9]) Kuchenbecker Ar. Hass. VIII. S. 291. seq.

[10]) Intelligenzblatt für die Provinz Ober-Hessen von 1836. Nr. 41.

[11]) Urkunden im Frankfurter Archive.

[12]) Humbracht genealogische Tabellen. Tab. 61.

[13]) Urkunde im Frankfurter Archive.

[14]) Engelhard Erdbeschreibung der Hessen-Casselschen Lande. Cassel 1778. Bd. 2. S. 771. — Landau Beschreibung des Kurfürstenthums Hessen-Cassel 1842. S. 587. — Der Volksglaube sieht noch jetzt an der Stelle, wo diese Kirche stand, geisterhafte Erscheinungen.

wähnte den Schelmen gehörige, jetzt gänzlich zerstörte Kirche, wo sie ihr Erbbegräbniß hatten [15]).

Volkssagen über den Ursprung dieses Geschlechts und seinen Namen beurkunden dessen Alter. Also lauten die Sagen: Kaiser Friedrich der Rothbart hatte sich in dem bei Frankfurt gelegenen Forst zur Dreieich verirrt. Endlich traf er auf einen Karnführer, den er um Zurechtweisung und ermüdet um die Erlaubniß ersuchte sich auf seinen Karn zu setzen. Zum Jagdgefolge zurückgekommen, erkannte man in dem Fuhrmann den Abdecker (damals auch Schelm genannt) von Bergen. Bestürzt riefen Alle: Der Schelm von Bergen! und unter diesem Namen adelte der Kaiser ihn und seine Nachkommen.

Eine andere Sage läßt den Schinder von Bergen dem durstigen Kaiser ein Glas Wasser reichen, der ihm dafür den Adel ertheilte.

Nach einer dritten Sage erschien auf einer von gedachtem Kaiser im Pallast zu Frankfurt veranstalteten Mummerei, eine stattliche Maske, und mischte sich, ein gewandter Tänzer, unter die Ritter und Frauen. Auch die Kaiserin nahm Theil am Reihen. Erst bei dessen Ende gewahrte man des fremden Tänzers und forderte seine Entlarvung. In ihm den Schinder von Bergen erkennend, wich alles mit Entsetzen zurück, in dem Wahn, durch seine Berührung ehrlos geworden zu sein, unter dem Ausruf: der Schelm von Bergen! Aber der Kaiser sprach: die Berührung der Hand meiner Kaiserlichen Gemahlin hat ihn ehrlich gemacht und adelig; ihm sei verziehen!

Eine fernere Sage ist folgende: Kaiser Friedrich Barbarossa hatte eben die Burg in Gelnhausen — deren ehrwürdige Ruinen noch jetzt Bewunderung erregen — vollenden lassen. Da er sich zum erstenmal in derselben zur Ruhe legte, sagte er: Wer Morgen früh zuerst in den Schloßhof tritt, sei, wer er auch sei, edlen Geschlechts! Es war der Abdecker von Bergen. Sieh', rief der Kaiser, der Schelm von Bergen! Das Geschlecht behielt den Namen, und der Kaiser gab ihm, zum Andenken frühern Gewerbes, in das Wappen: zwei rothe Rippen im silbernen Felde, und als Helmzierde: einen rothen, wachsenden feuerspeienden Drachen.

---

15) Das Titelkupfer stellt solche als Ruine dar.

Da eine in der Mitte des sechszehnten Jahrhunderts erloschene Linie dieses Geschlechts nur den Namen: Bergen, führte, so scheint dies der ursprüngliche Familienname, und der Name: Schelm, nur die Bezeichnung einer abgesonderten Linie zu sein, der allmälig zum Familienname ward. Vielleicht gab ihr Dienstverhältniß zum Kaiserlichen Pallast ihnen diesen Namen, mit welchem man damals eine Art Hofdienst bezeichnete. Einen sonderbaren Beinamen trug der im Anfang des vierzehnten Jahrhunderts lebende Gilbrecht Schelm in dem Beisatz: dictus Pestis oder die Pest von Bergen [16]). Sollte vielleicht einer seiner Vorfahren die Krankheit der Pest — damals auch Schelm genannt — nach Bergen gebracht, und auf diese Weise seinem Geschlecht einen Beinamen erworben haben, der sich auf seine Nachkommen vererbte?

Bemerkenswerth ist, daß auch in der Rittersamilie von Bommersheim, der Name Schelm vorkommt, wie denn in einer von dem Dynasten Siegfried von Eppenstein und seiner Gemahlin Isengard am 16. Mai 1308 ausgestellten Urkunde, ein Theodoricus Schelmo de Bommersheim genannt wird [17]). Vielleicht waren sie gleichen Geschlechts mit den Schelmen von Bergen, wie ähnliches Wappen vermuthen läßt, und die Linien unterschieden sich dann durch den Beisatz ihres Wohnorts. Doch ist auch möglich, daß da die Schelmen von Bergen Ganerben in Bommersheim waren, man einen derselben mit dem Namen Bommersheim bezeichnete.

Auch die Mitglieder dieser Familie, wie der Adel des Mittelalters überhaupt, dienten bald dem einen, bald dem andern um Sold oder lebten vom Stegreif und dem Ertrag ihrer Güter. So war z. B. Ruhwin Schelm von Bergen im Jahr 1378 der Stadt Frankfurt verbunden, mehre später [18]).

Eben so ungewiß, wie der Ursprung des Namens: Schelm, ist die Zeit der Erbauung der Burg in Bergen. Solche war, ohne Zweifel schon, wie das Geschlecht selbst, am Ende des zwölften Jahr-

---

[16]) Humbracht a. a. O.

[17]) Böhmer a. a. O. S. 380.

[18]) Urkunden im Frankfurter Archive.

hunderts vorhanden, und Eigenthum. Doch fehlen bis ins vierzehnte Jahrhundert die Nachrichten. In dessen Mitte besaß sie Sibold Schelm, Ritter, und seine Hausfrau Demud, geborne von Rosenberg. Er war in Irrungen mit dem edlen Herrn Ulrich von Hanau verwickelt, die im Jahr 1354 beigelegt wurden. In Folge dieses Vergleichs gaben Ritter Sibold und seine Hausfrau am Sanct Marrtage des heiligen Evangelisten (25. April) dem edlen Herrn Ulrich ihre Burg in Bergen zu eigen und empfingen sie wieder zu Kunkel-Lehen [19]). Ihre Söhne Sibold und Gerlach fügten aus derselben den Frankfurtern und den reisenden Kaufleuten vielen Schaden zu [20]), und im Jahr 1381 hatten sie Fehde mit Frankfurt. Auch die Stadt Pfedersheim (als Mitglied des Städtebundes) schickte denselben einen Absage-Brief d. d. feria tercia post diem beati Martini Episcopi (11. Novbr.)

„von der von Frangford vnßr Eitgenossen wegen“ [21]).

Die ernstliche Drohung der Stadt, das Schloß zu zerstören, vermochte die Besitzer, solches den Frankfurtern gütlich einzuräumen, welche es mit ihren Söldnern besetzten. Im Jahr 1382 feria sexta ante Conversionem St. Pauli (25. Januar) schlossen Demud, Wittwe von Sibold Schelm und ihre beiden Söhne Sibold und Gerlach mit der Stadt Frankfurt einen Vertrag, vermöge dessen letztere ihnen das Schloß wieder zustellt, und sich das Oeffnungsrecht ausbedingt. Beide Brüder verbinden sich auf Lebenszeit der Stadt zu dienen, jedes Jahr zwei Monate, jeder mit zwei Glanen, auf ihren Schaden und Verlust und der Stadt Kosten [22]). Die hierüber ausgestellte Urkunde ist für die Geschichte der Burg darum merkwürdig, weil diese hier

Die Festin zu Bergin gelegin genannt Gruckauwe

mehrmalen genannt wird.

Eben gedachte Brüder machten sich in einer „ipsa die conversionis Sti. Pauli“ (25. Januar) 1382 ausgestellten Urkunde verbind-

---

[19]) Hanau Münzenbergische Landesbeschreibung 1720. Urkunde 84.

[20]) Urkunden im Frankfurter Archive.

[21]) Deßgleichen.

[22]) Deßgleichen.

lich, den Frankfurter Bürgern zugefügten Schaden, nach des Raths daselbst Ausspruch, zu bezahlen, und verpflichten sich, im Entstehungsfall, selbst mit einem Knecht und zwei Pferden in Frankfurt Einlager zu halten [23]). Im Jahr 1389 besetzte Frankfurt, Namens des Städtebundes am Rhein, die Burg in Bergen mit ihren Söldnern, und in eben diesem Jahr, laut Urkunde d. d. „sabbato proximo ante decollationem St. Johannis Baptistae" (28. August), entläßt die Stadt Frankfurt die Gebrüder Sibold und Gerlach Schelm ihrer im Jahr 1382 gegen solche übernommenen persönlichen Verpflichtungen [24]). In dieser Urkunde wird die Burg in Bergen wieder mit dem Namen Gruckau bezeichnet. Nochmal erscheint dieser Name urkundlich im Jahr 1444. Im Anfang dieses Jahres machten sich Cuntz Trude von Bergen, und seine Hausfrau Catarina, gegen Frau Gude, Wittwe des Junker Peter Marburg (eine Frankfurter, auch zum Paradies genannte Familie) verbindlich fünf Jahre lang, jährlich fünfzig gehäufte Simmern Hafer auf das Haus Gruckau zu liefern. Gedachte Gude Marburg scheint also zu dieser Zeit Antheil an der Burg in Bergen gehabt zu haben [25]). Später finde ich diesen Namen Gruckau nicht weiter, und in der Folge ist er gänzlich erloschen. Auch im Munde des Volkes lebt er nicht mehr. Man nennt sie nur: die Burg.

Im Jahr 1389 feria quarta proxima post Egidii (4. Sept.) ersetzt die Stadt Frankfurt den Edelknechten Eberhard und Sibold Schelm von Bergen, den im Dienst der Stadt erlittenen Schaden [26]), und im Jahr 1390 befehdete gedachter Eberhard, sodann Johann von Hattstein und andere Frankfurt [27]).

Vorgedachte Gebrüder Sibold und Gerlach v. B. Edelknechte scheinen in diesem Zeitraume die einzigen Besitzer der Burg in Bergen

---

[23]) Urkunden im Frankfurter Archive. — Einlager halten, war die Verpflichtung eines säumigen Schuldners sich mit der bedungenen Begleitung so lange, bis er seiner Obliegenheit ein Genüge geleistet, an einem bestimmten Ort, auf seine Kosten aufzuhalten.

[24]) Urkunden im Frankfurter Archive.

[25]) Deßgleichen.

[26]) Deßgleichen.

[27]) Deßgleichen. — Frankfurter Chronik Bd. 1. S. 367.

gewesen zu sein, denn nur sie schlossen die oben erwähnten Verträge über solche ab. Im Jahr 1395 „feria quarta proxima post diem beati Laurencii Mart.“ (11. August) verkaufen dieselben den Weinzehnten in Seckbach — von welchem ein Viertel dem Pastor daselbst zustand, (mit welchem sie wahrscheinlich denselben als Patrone der Bergkirche dotirt hatten) — sodann den Heu- und Obstzehnten daselbst an Johann von Holzhausen und dessen Ehefrau Anna, in Frankfurt, auf Wiederkauf für zweihundert Goldgulden [28]), und im Jahr 1417 Dominica Oculi (14. März) überträgt Gerlach Schelm und seine Hausfrau Catharina dieses Wiederkaufsrecht an seine Vettern Hans und Eberhard. Die Einlösung scheint hierauf geschehen zu sein [29]). Im Jahr 1396 hatte Eberhard Schelm Irrungen mit Adolf Weis in Frankfurt wegen Beholzigung und Schäferei in Bornheim, und im Jahr 1402 hatte Sibold Schelm, Vogt zu Otzberg, dergleichen mit Junker Frosch und Eles Landskron in Frankfurt über Gefälle in Seckbach. Sie nahmen diesen ihr Vieh von der Weide daselbst unter der Behauptung, daß solches Schelmische Privat-Weide sei [30]). Im Jahr 1416 erneuerten sich zwischen Hans Schelm von Bergen, Amtmann zu Otzberg, und Junker Frosch dieser Streit [31]). Eben dieser Sibold Schelm war in Irrungen mit Siegfrid Wambolt, der ihn in einer überall verbreiteten Urkunde d. d. Sonntag nach Andreastag, (5. Dezbr.) 1400 der größten Laster bezüchtigt. Von dem Eingang dieses Documents, der also lautet:

„Ich Sigfrit Wambold lasse dich Sibolt Schelm Faut zu „Omstadt, du recht dypscher, falscher, erloser Mörders, straßenreybers, Lügners, Böswicht wissen ꝛc.“, kann man auf den Styl, in dem solche abgefaßt ist, schließen [32]).

Eine Fehde Frankfurts mit Sibold Schelm, in welcher die Stadt mehrere Gefangene gemacht hatte, wurde „sabbato ante Phi-

---

[28]) Urkunden im Frankfurter Archive.
[29]) Deßgleichen.
[30]) Deßgleichen.
[31]) Deßgleichen.
[32]) Deßgleichen.

lippi et Jacobi Apost.“ (30. April) 1407 verglichen. Sibold verband sich der Stadt gegen Zahlung von vierzehn Gulden auf Lebenslang. Am 5. Juni 1407 verkauft Gerlach Schelm seinem eben gedachten Vetter Sibold S. v. B. ein Viertel des Schlosses in Bergen, und behält sich den Rückkauf auf den Fall bevor, daß er sich verheirathen und eheliche Leibeserben erzielen werde. Da in der Kaufurkunde ein Miteigenthümer nicht genannt ist, so scheint Gerlach Schelm damals der einzige Besitzer gewesen zu sein [33]).

Die Burg in Bergen, — wie so viele andere — gelangte in den Besitz Mehrerer; sie wurde ein Ganerbenhaus. Im Jahr 1428 „dominica proxima post festum beate Marie Virginis“ (20. Juni) gibt Reinhard, Herr zu Hanau, ein Viertel derselben, welches ihm vielleicht als Lehnsherrn angefallen, vielleicht auch von einem der Belehnten erworben war, an Siegfried von Rynberg zu Lehen [34]). Im August des Jahres 1432 bedrängen Eberhard und Sibold Schelm der alte und ihre Mitganerben — die jedoch nicht namentlich gemacht werden — die Frankfurter Bürger in ihren Besitzungen in Seckbach. Der Schaden ward jährlich zu zweihundert Gulden berechnet. Frankfurt beschwerte sich dessfalls bei den Männern, die über den Landfrieden gesetzt waren [35]).

Daß im Jahr 1444 Gude, Peter Marburgs Wittwe Antheil an der Burg gehabt zu haben scheint, ist bereits oben erwähnt. Im Jahr 1452 hatte Carl Schelm Theil an derselben. In einer Fehde, in welcher er, Hans und Engelbert Rodenstein und Hamman Echter mit Hessen verwickelt waren, verlangte er, mittelst Schreibens „vff sontag nach sant niclas tag“ (10. Dezember) 1452 von dem Grafen Philipp von Hanau, als Lehnsherrn, daß er ihm helfen solle, die Burg gegen den Landgrafen zu vertheidigen [36]). Auffallend ist es, daß im Jahr 1457 Hans Schelm v. B. seinen Antheil dieses

---

[33]) Deßgleichen. — Untersuchung der Frage: Ob die Grafen von Hanau mit den von Carben in Vergleichung zu stellen seien. 1734 S. 430.

[34]) Hanau Münzenbergische Landesbeschreibung 1720. Urk. 87a S. 128.

[35]) Urkunden im Frankfurter Archive.

[36]) Winkelmann Beschreibung von Hessen. Thl. 2. S. 388. — Untersuchung der Frage: Ob die Grafen von Hanau 2c. S. 431.

Schlosses, mit Leuten, Gütern und Zubehörde, in Schutz und Schirm des Pfalzgrafen Friedrich, Herzogs in Baiern gibt, und die zum Schloß gehörigen Leute dem Pfalzgrafen huldigen läßt. Eine Aufkündigung von einem Monat wird beiden Theilen vorbehalten. Die Urkunde ist ausgestellt „Heydelberg vff Eschermitwochen" (2. März) 1457. Irgend eines Lehnsverbands wird nicht erwähnt, ohnerachtet solche, wie bereits oben angeführt ward, Hanausches Lehen war. Nach eben dieser Urkunde stellte Hans Schelm seine Güter und Leute im Amt Otzberg unter pfalzgräflichen Schutz, und der Pfalzgraf nennt ihn seinen Mann und Diener [37]).

Im Jahr 1475 „Freitag nach Jubilate" (21. April) verkaufen die Schelmen, namentlich Carl und seine Ehegattin Margarethe von Adeltzheim, sodann dessen verstorbenen Bruders Eberhard Kinder, Philipp und Agnes, ferner sein Vetter Eitel und dessen Schwester Agnes, verheirathet an Simon von Balshofen, Vogt zu Heidelberg, ihren Antheil an den Dörfern zu Bornheim und Seckbach, nämlich die Hälfte von sieben Achteln, so wie die Hälfte der Vogtei an beiden Orten (die Bornheimer war Reichslehen, die in Seckbach allodifizirtes Büdingisches Lehen), ferner ihre Güter an diesen Orten, ihre Gefälle daselbst, in Bergen, Dortelweil, Carben, Erlenbach, Rödelheim, Preungesheim, Berkersheim, Gronau und Kesselstadt, an Frankfurt für die Summe von viertausend vierhundert vier und vierzig Gulden und zwei und zwanzig Schillinge. Auch die Pfandschaft am vierten Theil der Burg in Bergen — welche die Verkäufer von Gerlach Schelm pfandweis für fünfhundert Gulden inne hatten — war hierunter begriffen [38]). Am 24. April gedachten Jahres wurde die Stadt Frankfurt gerichtlich in den Besitz der in Bergen erkauften Gegenstände gesetzt. Die andere Hälfte von Bornheim, so wie noch mehrere an verschiedenen Orten gelegene Güter und Gefälle erkaufte Frankfurt von Gerlach Schelm und seiner Hausfrau Anna von Selbold, sodann von dessen Brüdern Siegfried und Gerlach d. j. für zwölfhundert einen Gulden und zwei und zwanzig Schilling. Der

---

[37]) Urkunden im Frankfurter Archive.

[38]) Deßgleichen.

Kaufbrief wurde „feria sexta post dominicam Jubilate 22. April 1475 ausgefertigt“ [39]). Eines Lehnsverbands der Burg wurde in diesen Verhandlungen nicht erwähnt und kein lehnsherrlicher Consens erwirkt. Auch der Wein- und Obstzehnten, insoweit derselbe Itel und Carl Schelm und des letzteren Bruderskindern zustand, erkaufte Frankfurt im Jahr 1477 „vff Samstag der heil. Apostel sant Petros und Pauls Abend“ (29. Juni) für zwölfhundert und vierzig Gulden. Itel Schelm erhielt die Hälfte des Kaufpreises, seine Vettern die andere. Doch empfingen sie kein baares Geld, sondern Gültbriefe (Verschreibungen, die dessen Besitzer eine jährliche, den fünfprozentigen Zinsen obigen Capitals gleichkommende Rente aus den Stadteinkünften zusicherten, und von den Inhabern zwar an andere verkauft, aber nicht aufgekündigt werden konnten, deren Ablösung aber der Stadt zustand). Nur die um zwölfhundert ein Gulden zwei und zwanzig Schillinge von Gerlach d. ä., Siegfried und Gerlach d. j. erkaufte Hälfte von Bornheim ward baar bezahlt. Ein Theil der sämmtlichen Verkaufsgegenstände war Ysenburgisches und Solmsisches Lehen, und wurde noch vor dem Vollzug des Verkaufs allodifizirt. Schon im folgenden Jahr „Mittwoch nach Peterstag ad vincula (5. August) kaufte Frankfurt die dem Eitel Schelm und Simon von Balshofen zugesicherte Rente von hundert zwölf Gulden dreißig Schillinge mit zweitausend zweihundert fünfzig Gulden ab [40]).

Die Gemeinde in Seckbach verweigerte im Jahr 1499 der Stadt Frankfurt die Atzung, welche bei Gelegenheit der Rechnungsablage aufgegangen war, und „Zingrefe und Heymburger“, (Gerichtsleute oder Geschworne) erklärten, daß ihnen deren Ersatz „von seinem gnädigen Herrn von Hanauw“ bei Strafe verboten worden sei [41]). Dieses und andere Irrungen mit dem Grafen von Hanau, welcher Seckbach als Pfandherr der Kaiserlichen und Reichsgrafschaft des Bornheimer Bergs besaß, bewog die Stadt Frankfurt, ihren Theil des Heimgerichts in Seckbach, mit der Beede, Lehengeld, eigenen

39) Urkunden im Frankfurter Archive.

40) Deßgleichen.

41) Deßgleichen.

Leuten und andern das Heimgericht betreffenden Gerechtsamen dem Grafen Reinhard von Hanau auf Montag nach Pauli Bekehrung 28. Januar 1504 um vierhundert Gulden guter Frankfurter Währung zu verkaufen [42]). Auch der Besitz der übrigen Gerechtsame erliegt in der Folge mancherlei Veränderungen, und die Burg in Bergen kam wieder ganz in Schelmische Hände.

In der ersten Hälfte des achtzehnten Jahrhunderts wurde das Wohnhaus der Burg neu erbaut; nichts zeugt mehr vom ehemaligen Zustand, nur die umgebenden Wassergraben sind Ueberbleibsel der Vorzeit, und zerfallene Ringmauern mit Rondalen deuteten vor einigen Jahrzehnten auf ehemalige Befestigung.

Zwei Stämme des Schelmischen Geschlechts blühten noch im vorigen Jahrhundert, die Gelnhäuser und die Berger, beide nannten sich Schelmen von Bergen, auch wohl Schelmen von und zu Bergen. Der Berger Name, von Sibold Schelm und seiner Hausfrau Demud von Rosenberg abstammend, welche im Jahr 1354 die Burg zu Hanauschem Lehen machten, blieb in Bergen und im Besitz der Burg und sämmtlicher Güter daselbst und der Gegend. Die beiden Söhne des am 15. März 1632 verstorbenen Unterburggrafen zu Friedberg Johann Andreas S. v. B., nämlich Johann Wiprecht (der gleichfalls Unterburggraf in Friedberg war, † 1664) und Johann Wilhelm, Oberamtmann in Bergen, Hofmeister und Präsident in Hanau († 1682), stifteten, ersterer die Berger, letzterer die Berkersheimer Linie, welch' letzterer jedoch mit seinem Enkel Fridrich Philipp Maximilian im Jahr 1735 erlosch, wodurch die Lehnstücke an die Berger Linie zurückfielen, und nur ein Drittel des Seckbacher Zehntens als Erbleihe, nebst dem ohngefähr eine Hube betragenden Gut in Berkersheim (eine Hube daselbst hatte schon dessen Vater Johann Heinrich im Jahr 1688 der lutherschen Kirche in Berkersheim geschenkt) an des Verstorbenen Stiefschwester Anna Sophie Dorothea († 1760 ledig) kam, die es dem Buchhändler Varrentrapp in Frankfurt testamentlich vermachte. Auch die Berger Linie erlosch im Mannsstamm mit des Stifters Enkel Adolf Casimir S. v. B. am

---

[42]) Urkunden im Frankfurter Archive. — Hanau M. Landesbeschreibung 720 S. 36. Urk. 70.

29. April 1768. Seine einzige Tochter Christiane heurathete Ludwig von Rotsmann, und deren Sohn starb am 27. Mai 1799 ledig. Die Lehen, nämlich die Burg mit dem sie umgebenden Garten, fielen nach langem Rechtsstreit, während dessen die Verlassenschaft sequestrirt war, auf die Nachkommen der an den Rittmeister Dietrich Tobias von Hofen verheiratheten Amalie Franziska von Schelm (Schwester des Adolf Casimir von S.) als Lehnsregredient-Erben; das übrige Allodialvermögen (wozu außer zwei Gütern in Bergen und Seckbach mehrere Zehenten und sonstige Gefälle, so wie die Ruine der Schelmischen Kapelle mit dem Erbbegräbniß des Geschlechts gehörten), auf die von Rotsmannschen Erben, die dem Erblasser um einen Grad näher standen, als seine mütterlichen Verwandten [43]).

Die Schelmen von Bergen, Gelnhäuser Linie, konnten ihre Abstammung von Sibold Schelm, dem ersten Lehnträger der Burg, nicht erweisen, und wurden darum von der Lehnsfolge ausgeschlossen.

Im Anfang des neunzehnten Jahrhunderts ward die Burg von einem der Miterben bewohnt, nachher vermiethet. Inzwischen zerfielen die ohnehin alten und nicht unterhaltenen Nebengebäude, und fingen an Ruinen zu werden, bis im Jahr 1820 bei einer weitern Vermiethung mehreres niedergerissen, und das Hauptgebäude nothdürftig hergestellt ward. Später kam die Burg durch Verkauf in bürgerliche Hände, und im Jahr 1840 ward der äußere Wassergraben zugeworfen, und der Garten gegen die Straße mit einer Mauer geschützt. Auch die übrigen Schelmischen Güter gingen durch Kauf in andern Besitz. Leider entgingen auch die ehrwürdige Ruine der Kirche: die Haubels-Kirch (Haubel, Heubel, Hübel, Hügel) genannt, und die Gräber der Schelmen, in denen auch die letzten des Geschlechts, so wie die Rotsmann, Vater, Mutter und Sohn ruhten, der Zerstörung nicht. Sie lag außerhalb des Umfangs der Burg südwestlich, nahe da, wo die Umfassungsmauer von Bergen sich von Süden nach Westen wendet, war von beschränktem Umfang, und „dem Erwerdigen in Got sente Huppracht dem heilande" geweiht. Dem heiligen Hupert und den zehntausend Märtyrern war ein Altar gewidmet, ein anderer

[43]) Anliegende Stammtafel der Berger Linie.

der heiligen Katarine und Margarethe. Die Schelmen präsentirten die Altaristen dem erzbischöflichen Stuhl in Mainz, von welchem die Bestätigung erfolgte [44]). Mit der Reformation, zu der sich die Schelmen und der Ort Bergen wandten, kam diese Kirche in Abgang. Vielleicht zerfiel sie von da an, wahrscheinlicher zerstörte sie das Feuer, welches am 17. und 18. April 1600 in deren Umgebung hundert Gebäude in die Asche legte [45]). Ein Theil der Seitenwände und der Mauer waren später zerfallen oder abgebrochen; die westliche Mauer mit der Thüröffnung stand noch und östlich die Ruine des Chors mit gothischen Fenstern; malerisch wölbte sich über dem Eingang in das Chor der ganz freistehende Bogen: mehrere Grabsteine mit dem Schelmischen Wappen deckten die Gruft. Ohne Sinn für das Ehrwürdige und Malerische der Ruine, ohne Gefühl für den Anstand, der die Ruhestätte Hingeschiedener ehrt, ward solche im Sommer 1822 niedergerissen, die Gräber zerstört, und auch dieses Denkmal frommer Vorzeit freventlich verntchtet. Das Titelkupfer, das Chor vorstellend, bewahrt treu dessen Ansicht.

Der Gelnhäuser Stamm, von Eberhard S. v. B. (dem Bruder des mehrgedachten Sibold Schelm, der im Jahr 1354 die Burg in Bergen besaß) abstammend [46]), hatte mehrere Burglehen in Gelnhausen. Namentlich erhielt Sibold Schelm, Vogt zu Umstadt, vom König Ruprecht am 12. Febr. 1409 die Lehen, die früher die von Bleichenbach besaßen, nämlich: „das Haus zur linken Seite, wenn man in die Burg geht, mit Garten und Zubehör und drei Pfund wetterausche Pfennige auf die Stadt Gelnhausen" [47]). Sodann er-

---

[44]) Urkunden im Schelmischen Archive. — Nach einer derselben verkaufte im Jahr 1405 Juncker Henne von Bergen und Gode seine Hausfrau: dem Erwerdigen in Got sente Huppracht dem Heylande an sinen Buwe und Kirchen, die gelegen ist an dem Dorfe zu Bergen. — Drei Pfund Hellir, „vff den st Paulstag", Andreas Kirchhofer, Pfarrer zu Bergen, hängt sen Siegel an. Dieses stellt das Brustbild eines Heiligen mit einem Kreuz in der Hand vor und trägt die Umschrift S. Andreae Kirchhofer.

[45]) Lersner Frankfurter Chronik Bd. 1. S. 541.

[46]) Anliegende Stammtafel der Gelnhänser Linie.

[47]) Gmel Regesta chronologica diplomatica Ruperti Reg. Roman. Frankfurt 1834 aus dem Registerbuche 104.

hielt, nach Abgang des Breidenbachischen Geschlechts, der Schwager des letzten Breidenbachs, Philipp Schelm vor Kaiser Carl dem fünften, laut Lehnbrief vom 8. Juni 1545. „Die Behausung in der innern Burg zu Gelnhausen, genannt Barthenhausen, ein Wasserthörlein, zwei Fischwasser" [48]). Außerdem besaßen sie bedeutende Güter im Oberamt Umstadt, in deren Kirche der im Jahr 1370 verstorbene Eberhard S. seine Ruhestätte fand, die ein Denkmal bezeichnet. Eins dieser Güter, in Urkunden: Curia dicta Schelm und jetzt noch der Schelmerhof genannt, verkaufte diese Linie erst in den Jahren 1814 und 1815. Auch in Babenhausen und in Dreieichenhain hatte sie Burglehen. Nichts von der reichen Habe der Vorfahren war übrig, als am 9. April 1844 mit dem am 26. Juni 1815 bei Selz verwundeten, pensionirten Freistadt Frankfurtischen Hauptmann Christian Ernst Schelm von Bergen ein Geschlecht im Mannsstamme erlosch, das urkundlich länger als sieben Jahrhunderte geblüht hatte.

In Bergen schwindet allmälig das Andenken und der Name des Schelmischen Geschlechts und nur die östliche Spitze des Vilbeler Waldes, ehehin der Schelmen Eigenthum und daher der Schelmen Ecke genannt, erhält ihn den Nachkommen.

Abbildungen der Burg in Bergen aus älterer oder neuerer Zeit sind nicht bekannt.

---

[48]) Justi Hessische Denkwürdigkeiten Bd. 2. S. 216.

Stammtafel der Schelmen von Bergen, Berger Linie.

Die Vorfahren sind aus der Humbracht'schen Stammtafel zu ersehen.

Johann Andreas Schelm von und zu Bergen,
Regimentsburgmann und Unterburggraf zu Friedberg, † d. 15. März 1639, alt 63 Jahre. Verheirathet d. 21. August 1594 mit Catharine von Rosenbach.

Johann Wiprecht S. v. B.,
Unterburggraf zu Friedberg, Stifter der Berger Linie und erhielt die Güter in Bergen und Zehenten 2c. Heirathete Anne Sophie von Carben.

Außerdem noch acht Kinder, theils Töchter, theils unverheirathet verstorbene Söhne.

Johann Wilhelm S. v. B.,
Gräflich Hanau'scher Oberamtmann in Bergen, Hofmeister und Präsident, † 1682. Stifter der Berkersheimer Linie. Er erhielt das Gut in Berkersheim und das Gut und Zehenten in Seckbach. Heirathete Anna Margaretha von Altorf, genannt Wollschlager.

Friedrich Adolph S. v. B.,
Kurpfälzischer Geheimer- und Regierungsrath, Kammerherr und Oberamtmann zu Stromberg. Heirathete Anna von Benningen.

Drei Töchter.

Drei Töchter und einen Sohn, ohne Nachkommen.

Johann Heinrich S. v. B.,
heirathete 1. Clara Magdalena von Berlepsch; 2. Christine Eleonore von Maltiz.

Adolph Casimir S. v. B.,
Hessischer Kammerjunker, † 19. April 1768, der Letzte des Mannsstamms der Berger Linie. Heirathete Anna Dorothea von Breidenstein.

Außerdem acht, ohne Nachkommen verstorbene Kinder.

Amalie Franziske.
heir. den Rittmeister Dietrich Tobias von Hosen.

Friedrich Philipp Marimil. S. v. B.,
Sohn erster Ehe, † 1735 ohne Nachkommen. Mit ihm erlosch der Mannsstamm der Berkersheimer Linie.

Anna Sophia Dorothea,
Tochter zweiter Ehe, † 1760 ledig.

Christiana,
heirathete Ludwig von Rotsmann.

Hessischer Lieutenant von Rotsmann † 26. Mai 1797 ledig.

Luise Cunegunde,
heir. den Oberforstmeister von Clotz.

Luise v. Clotz,
heirathete den Hofrath von Heyden.

Agathe Dorothea,
heir. den holl. Major Christoph von Bellersheim.

Luise Dorothee Susanne v. B.,
heir. den Legationsrath von Riese.

Wilhelmine Henriette Erdmüthe Caroline,
h. den Rath Christ.

Carl Friedrich von Bellersheim,
heir. Sophie v. Glauburg.

Schelmische Regredient-Erben.

Stammtafel der Schelmen von Bergen, Gelnhäuser Linie.

Philipp Schelm von Bergen,
unmündig 1475.
vid. Humbracht Stammtafeln No. 61.

Philipp Schelm v. B. kommt vor 1544,
heirathete Amalie von Breidenbach.

Heinrich S. v. B. 1562.

Heinrich Conrad S. v. B. 1570. 1613.

Johann Heinrich S. v. B. 1629.

Ernst Wilhelm S. v. B. 1629,
† ohne Nachkommen.

Carl Philipp S. v. B.,
Baumeister 1675. 1693. 1725.

Georg Ernst Wilhelm S. v. B. 1675.
† ohne Nachkommen.

Christian Friedrich Schelm v. B. 1727.

Johann Anton Wilhelm S. v. B.
1768. † d. 9. März 1782.

Christian Friedrich Wilhelm Casimir.
† ohne Nachkommen.

Johann Carl S. v. B.,
Burgdirector in Gelnhausen 1768. † 1784,
heirathete Henriette von Buchenau.

Johann Anton Wilhelm S. v. B.
† März 1814 ohne Nachkommen.

Christian Ernst S. v. B.,
Frankfurtischer Hauptmann, hinterlies bei seinem am 9. April 1844 erfolgten Ableben eine Tochter. Mit ihm erlosch das ganze Geschlecht der Schelmen v. Bergen im Mannesstamm.

Georg Albert S. v. B.
† 1768.

Christian Ludwig Friedrich S. v. B.,
Rittmeister und Burgdirector in Gelnhausen. † ohne Nachkommen.

J. R. Dieser Stammbaum gründet sich auf die von dem Hauptmann Schelm vorgelegten Documente, namentlich vielfache Lehnbriefe 2c.

II.

Vommersheim.

Das Schwerdt, das hier geschwungen,
Es rastet lange schon;
Was Sänger hier gesungen,
Auf immer ist's entflohen!
Der Mensch und seine Werke,
Sie sind des Tages Raub,
Die Schönheit und die Stärke
Zerfallen bald in Staub.

Ernst Houwald.

Bommersheim.

In frühen Jahrhunderten blühte ein Rittergeschlecht von seinem Wohnsitz „Bommersheim“ genannt. Urkundlich erscheint solches schon 1256, wo Emercho von Bommersheim Canonicus in Mainz war, und als erwählter Schiedsrichter am 24. Juli einen Streit zwischen dem Stiftscapitel in Frankfurt und den Rittern Winter und Eberwein von Preungesheim, in Betreff des Novalzehnten in der Gemarkung zu Bockenheim, zu Gunsten des ersteren entscheidet. Gerlach von Bommersheim ist am 7. Dezember des Jahres 1272 Zeuge einer Urkunde, und am 8. Juli 1296 verpachtet das Stiftscapitel in Frankfurt einen Zehnten im Wald zur Dreieich an Theoderich, genannt Zenichin von Bommersheim. Im Jahr 1308 lebte Theodericus Schelmo, armiger de Bommersheim. Er verkaufte am 16. Mai mit Bewilligung des Lehnsherrn Sigfried von Eppenstein und seiner Gemalin Isengard an den Frankfurter Bürger Hermann Finken Güter und einen Hof in Niedererlenbach [1]). Das Stammhaus dieses Geschlechts lag zwei Stunden von Frankfurt in dem nahe bei Oberursel liegenden, jetzt Herzoglich Nassauischen Dorf Bommersheim; wo in einer Wiesenfläche eine kleine, wie es scheint durch Schutt entstandene Erhöhung und wenige Trümmer die Stelle der gleichna-

[1]) Böhmer cod. dipl. Francof. p. 100. 160. 303. 380.

migen Burg zeigen, die, in der Ebene gelegen, durch Mauern und Graben geschützt war. Solche war ein Ganerbenhaus und im Besitz mehrerer Adelichen, nicht allein aus der Bommersheimischen, sondern auch aus Mitgliedern anderer Familien. Eine Capelle zu Ehren der heiligen Justina und Aureus hatte Ritter Heinrich von Bommersheim im Jahr 1319 in der Burg erbaut und fundirt, und eine ewige Messe gestiftet [2]). Im Jahr 1326 „am nehsten Montag nach Allerheiligentag" (3. November) gibt Johann von Cronberg seinen Theil des Schlosses Bommersheim dem Herrn Ulrich von Hanau und empfängt solches zu rechtem Burglehen [3]) und feria quarta ante diem sancti Galli confessoris (28. Sept.) 1345 errichten Wolf, Johann und Heilmann von Bommersheim Gebrüder einen Burgfrieden:

„vff der Burg zu Bommersheim vnd in dem Dorffe zu Bom-„mersheim, vnd als ferrn als daz Dorff vnd gerichte zu Ober-„Bommersheim get."

Ohngeachtet im Jahr 1341 „in die sanct nazarii martir 28. Juli als Wolf von Bommersheim" Getzen miner elichen Hausfrauwe" ein Witthum von dreihundert Pfund Heller guter Währung verschreibt:

„vff dry huben Lands die gelegen sint in dem gerichte des „Dorfes Holtzhusen, der von dem Riche rurent zu Lene"

seine Ganerben Conrad und Hennichin Ritter, vnd Heilmann Bruder von Bommersheim einwilligen, so erwähnt ebengedachter Burgfriede doch nur den letzteren [4]). Wie in allen Ritterburgen der Wetterau, wechselten auch hier die Ganerben, deren es bald mehr bald weniger waren. Verbunden zu Schutz und Trutz, waren besonders die Städte ihren Befehdungen ausgesetzt, und Unsicherheit der Straßen, Beraubung der Reisenden und Kaufleute, nannte man Ritterthum üben, vom Sattel und Stegreif leben.

Diesem Uebel zu steuern und zum gemeinsamen Schutz gegen unrechtmäßige Gewalt, bildete sich, nachdem schon mehrere ähnliche

---

[2]) Vogel historische Topographie des Herzogthums Nassau. Herborn 1836. S. 295.

[3]) Hanau Münz. Landesbeschreibung 1720. Urkunde 178.

[4]) Urkunden im Archive der freien Stadt Frankfurt.

Verbindungen im dreizehnten und vierzehnten Jahrhundert vorangegangen waren [5]), der Städtebund, den die Reichsstädte Mainz, Strasburg, Worms, Speier, Frankfurt, Hagenau, Weißenburg, Schletstadt, Ehenheim und Pfedersheim:

„am ersten Mitwochen veße Vrauwen Clibeltage des Jars da „man schrieb nach Xti Geburte druczehen hundert vnd ein vnd „achtzig Jar [6])

(20. März 1381) abgeschlossen:

„vnd were solde von derselben Mitwochen biz vff Wihnachten „nehste darnach kommende vnd von demselben Wihnachten übir „drü gantze Jahr aller nehste volgende."

Aber schon auf einer am 31. October des folgenden Jahres in Mainz statt gehabten Zusammenkunft der Verbündeten, ward der Bund:

„von Johannistag des Deuffers als er geboren wart übir zehen „ganze Jare"

verlängert. In eben diesem Jahre traten dem Bunde noch die Städte Gelnhausen, Wetzlar und Friedberg und mehrere Dynasten bei, namentlich Ruprecht Graf zu Nassau, Schenk Eberhard, Herr zu Erpach, Yliane Heinrich seelige Wittwe von Than, Diether Cämmerer von Worms, Geschwister, und Hans von Than, der vorgedachten Yliane Sohn, Graf Johann von Nassau und Philipp von Falkenstein, Herr zu Münzenberg.

Der Anschlag der zu gemeinschaftlichen Hülfe zu stellenden Mannschaft war folgender:

„Na. die große Summe der Glenen vierhundert vnd achte vnd „fünfzig da gebüret den von Mentze hundert, von Strasburg hun- „dert, von Worms, von Spier, vnd Frankenfurt iglichem fünff vnd „sechzig, von Hagenau sechszehin, von Wissenburg Slezstat, von „Frydeberg iglichem Echte, von Geilnhausen seße, von Ehinheim

---

[5]) Böhmer l. c. pag. 93. 95. 97. 100. 134. 162. 185. 218. 221. 427. 432. 543. 566. 585. 615. 628. 691. 728. 757.

[6]) Cleibeltag, Cleibentag, Clybeltag ist das auf den 25. März fallende Fest der Verkündigung Mariens.

„vier, vnd von Vedirsheim dry mit Glenen, vnd Wetzflar zehn „Glenen [7]).

„N: die kleine Summe CXV Glene, mit Namen Mentze vnd „Strasburg iglich XVI Glenen, Worms, Spier vnd Frankenfurt „iglich XVI Glenen, Hagenau IIII Glenen, Wißenburg II, Slet„stadt II, Ehinheim I, Pedirsheim I, Geilnhuß II, Frideberg II, „Glenen, Wetzflar III."

Ruprecht Graf von Nassau stellte zehen, Simon Graf von Sponheim fünfzehn, Schenk Eberhard zu Erpach fünf, Jultale von Than und Diether Cämmerer von Worms, Geschwister und der ersten Sohn, Hans von Than, vier, Graf Johann von Nassau acht und Philipp von Falkenstein sechs Mann Bewaffnete zum Bundesheer. Außerdem öffnen die Dynasten ihre Schlösser dem Bund [8]). Von Seite der Than'schen Wittwe, ihres Sohnes und Cämmerers werden ihre Schlösser Hernstein, Madenburg, Landeck, Meitstfelde, Cropsberg, der Stein bei Worms, Danneberg, Dalberg, Kaltenfels, zum Stein, Than, Dangstein, Brünestein, die neue Than und Geißberg nahmhaft gemacht.

Viele Burgen des Adels erlagen der Gewalt des Bundes, so auch Bommersheim. Schon im Jahr 1376 sollen die Städte Mainz, Frankfurt und Worms solche eingenommen haben [9]). Im Anfang des Jahres 1382 waren Ganerben daselbst, Wolf, Philipp, Johann, Catharina und Grede von Bommersheim, Geschwister, Ruprecht von Bommersheim, Specht von Bubenheim, Schenk von Schweinsberg, Johann Saneck d. j. von Waldeck, Werner und Hans von Vilbel, Schelm von Bergen, Johann und Weinreich von Langenau, Udo von Vilmar, und vielleicht noch Andere. Besonders Frankfurt veranlaßte Bommersheims Zerstörung, nachdem oft wiederholt vergeblich versucht worden war, die Ruhe im Wege der Güte zu erhalten. Frankfurt

---

[7]) Glene, Gleve, eigentlich ein langer Spieß, hier Bewaffnete.

[8]) Die Oeffnung einer Burg bestand darin, daß derjenige, dem dieses Recht zustand, in solcher Schutz gegen seine Feinde hatte.

[9]) Vogel historische Topographie des Herzogthums Nassau. Herborn 1836. S. 295. Im Frankfurter Archive habe ich hierüber nichts gefunden, weshalben ich diese Nachricht bezweifeln möchte.

und Mainz leiteten das Unternehmen. Die Ermordung eines Frankfurters in Bergen, Unsicherheit der Landstraßen, Beraubung der die Messe besuchenden Kaufleute, namentlich der Schmalkalder, Mißhandlung eines solchen in Bommersheim bis zum Tode, Beschädigungen in Dortelweil und andere Friedensstörungen, waren dessen Begründung. Der am 21. Jan. 1382 gegebene Fehdebrief der Stadt Frankfurt, so wie Absagebrief der übrigeu Bundesgenossen, unter denen jetzt auch Wolf Graf von Eberstein erscheint, wurden durch „Peter, der Stede Boten“ am 29. Januar den Ganerben zugestellt.

Der Fehdebrief der Stadt Frankfurt lautet wörtlich:

„Wolf vnd Ruprecht von Bommerßheim, vnd ir andern Gan-„erben gemeinlich, die teil oder gemein an dem slosse vnd Vesten „zu Bommerßheim hant, vnd was dortzu oder darin gehöret, vmb „solichen großen Schaden der vns dem Rade zu Frankeford vnd den „vnßern an vnßern Güden vnd vnße Gnaden vnd Friheiden vnd „auch den Kausluden, die dez richs vnd vnße Messe Friheid suchten „vff des richs straße vß Bommerßheim vnd vß dem Burgfridden „vnd gerichta daselbis vnd widder darin gescheen ist, das wollen „wir vnd die vnße zu dem slosse vnd Festen Bommerßheim vnd „zu allen dem daz darin oder darzu gehöret, griffen und schedigen. „Jedige vch oder den Vweren daran Schade, darvmb wollten wir „vnd die Vnße vch oder den Vvern von erne vnd von rechten nis „antwurten, vnd wollen wir vnd die Vnße vns das gen vch vnd „die Vwern benart hant. Datum nostri oppidi sub sigillo ipsa „die beate Agnete Virg. anno Dmi MCCCLXXX secdo.

Gleichen Inhalts waren die von den andern Bundesgliedern ausgestellten Bewarbriefe, denen nur als Grund angefügt wurde:

„vmb solich großen Schaden, der vnße Freunden vnd eytzgenossen „der von Frankfurt, deren Helfer wir sin, vnd den iren vß dem „sloß vnd Vesten Bommerßheim vnd vß dem Burgfridden vnd „gerichte daselbst vnd widder darin gescheen ist“

Wenige Tage darauf wurde das Schloß Bommersheim erobert und zerstört. Der Edelknecht Wernher von Vilbel ward in dem Schloß gefangen, jedoch am 12. Merz unter der Verpflichtung losgegeben, daß er und sein Bruder Henne der Stadt Frankfurt jährlich zwei Monate mit zwei Gleven und vier Pferden, auf ihren Schaden und der Stadt Kosten dienen mußten. Das Schloß ward nicht mehr hergestellt und blieb Ruine. Ein freundliches Dorf umgibt seine Stätte.

Ansprüche aller Art erhoben nach dessen Zerstörung die Ganerben gegen Frankfurt und dessen Bundesgenossen. Außer den oben genannten machten Eberhard und Hans von Hirschhorn, Gebrüder, Peter und Diether Cämmerer, Diether Landschaden, Herrmann und Eberhard Weis von Feuerbach, Emmerich, Marsilius und Walther von Reiffenberg, Ruprecht und Herdan von Buches, Richard und Hermann von Löwenstein, Eberhard Schenk von Schweinsberg und seine Söhne Henne und Eberhard, mehrere von ihnen, als Erben längst verstorbener Miteigenthümer, Forderungen, die sich noch im Jahr 1440, also beinahe sechzig Jahre nachher erneuern. Besonders heftig schrieb Johann von Hirschhorn nach Frankfurt, und originell ist wohl seine Aeußerung in einem Brief vom 13. August 1393 worin er sich beklagt, daß man ihn nicht entschädigen wolle. Er sagt nämlich:

„vnd wil mengliche von vch schriben vnd sagen, daz ir vch „riſſent gegen mir in ſolicher Bosheit vnd Vbeltad, daz ir nit „gelorrent laſſen beſehen, wie ir an mir gefaren habent, vnd ſicht „un mengliche wol, daz ir als gar verharte vnd verſteynte ſint „in uwer Boßheit vnd Uebeltat, die vile man etliche Heyden vnd „Juden hermant daz ſie ſich thauffen vnd von irme Vnglauben „laſſen, daz ich vch nit hermanen kann, daz ir gelorret laſſen her„kennen vnd beſehen als furgeſchriben ſteet wie ir Lude ſint, und „wie ir gefare habent.“

Die Städte lehnten jede Entschädigungspflicht ab, da sie Bommersheim als ein schädliches Haus, nach gehöriger Bewahrung, zerstört hatten, und zudem von Kaiser Wenzel mittelst einer Urkunde vom „sonntag in den Vasten, als man singet Reminiscere“ (10 Mertz) 1392 und einer abermaligen Urkunde vom „sante Antonien Abend“ (3 Sept.) 1398 von jeder Verantwortlichkeit frei gesprochen waren [10]).

---

[10]) Lersner in seiner Chronik, Thl. 1. S. 367. Kirchner in seiner Geschichte Frankfurts. Thl. 1. S. 314 und Vogel a. a. O. irren, wenn sie die Zerstörung von Bommersheim in das Jahr 1397 setzen. — Privilegien der Stadt Frankfurt. S. 223. — Fichard Archiv. Thl. 2. S. 111.

Die Familie von Bommersheim, welche noch andere Besitzungen, und namentlich von den Grafen von Hanau Burglehn hatte [11]) und von denen Wolf von Bommersheim im Jahr 1440 Frankfurtischer Amtmann in Bonames war, starb in der ersten Hälfte des siebenzehnten Jahrhunderts aus [12]).

---

[11]) Untersuchung der Frage: Ob mit den Grafen von Hanau die Herren von Carben in Vergleichung zu stellen seien. Hanau 1734. S. 210.

[12]) Sie waren vielleicht ein Geschlecht mit den Schelmen von Bergen; wie nicht nur der Name: Schelm, den — wie oben bemerkt — Theoderich von Bommersheim im Jahr 1308 führte, sondern wie auch beinahe gleiches Wappen vermuthen läßt. Beide Familien führten im Schild zwei Rippen und auf dem Helm einen wachsenden feuerspeienden Drachen. Der einzige Unterschied beider Wappen ist der, daß in dem Schelmischen Wappen die Rippen glatt, im Bommersheimischen aber mit drei Kugeln verziert sind, und daß ein Stern zwischen solchen steht. Letzterer soll, nach Humbracht's Stammtafeln (Tafel 61) gleichfalls eine Linie des Schelmischen Geschlechts geführt haben. Vielleicht waren auch die Tincturen verschieden. Der Schelmen Schild war Silber, die Rippen und Helmzierde roth. Das Bommersheimische Wappen ist in Winkelmanns Beschreibung Hessens Thl. 1. S. 161 abgebildet.

III.

Münzenberg.

Sieh', wie hier mit Geister Miene,
  Dicht von Epheulaub umstrickt,
Melancholisch die Ruine
  Von der Höhe niederblickt!
Wie dort öde und verwittert
  Stille Klostermauern steh'n,
Die, vom Abendgold umzittert,
  Ferner Vorzeit Grau'n umweh'n.

Hungari.

3*

Münzenberg.

Die Landstraße von Frankfurt am Main nach Gießen führt durch eine Gegend, reich an Schönheit und durch Fruchtbarkeit berühmt. Noch jetzt, wie in der fernen Vorzeit, führt sie von dem Flüßchen Wetter, das ihre Fluren bewässert, den Namen der Wetterau. Dörfer und Städte liegen in ihrem Schooße von hohen Saaten umwallt; unter ihnen, zwischen Friedberg und Butzbach, anderthalb Stunden von der Landstraße rechts auf einer Anhöhe, die Gegend überragend, zwei Thürme. Es sind die Trümmer von Münzenberg. Jenseits am Fuße des steilen, felsigen Hügels, der die Burg stolz emporhebt, liegt das gleichnamige Städtchen. Durch letzteres selbst, mit starken Mauern und Thürmen umgeben, führt der Weg, sich links um den Berg windend, zum einzigen Eingang. Steil steigt er zum ersten, dann zwischen starken Mauern zum zweiten und dritten Thor, das lange gewölbt, erst in den Burghof führt. Ueber dem Thorbogen sind die Ruinen der gothischen Capelle, daran die Trümmer eines Gebäudes, der Sage nach, des Rittersaales, mit Fenstern und Verzierungen im byzantinischen Styl, gegenüber die Reste eines Hauses mit spitzen gothischen Fenstern. Rechts beim Eingang in den Hof steht eine hoher runder Thurm, an den sich Gemäuer lehnt, auf der andern Seite links ein stärkerer frei, eben so hoch, beide dachlos und von oben verwitternd. Solche haben nur in beträchtlicher Höhe Thüröffnungen und sind in gleicher Höhe mit diesen, bis auf eine runde Oeffnung in der Mitte, die in die Tiefe führt, zugewölbt. In ersterm ist das Gewölbe eingestürzt, in letzterm noch erhalten. Die Mauer dieses Thurms hat an der ohngefähr fünf und zwanzig Fuß in der Höhe befindlichen Thüröffnung noch eine Dicke von sechs Fuß. Von außen, ohngefähr zwei Fuß über der Erde, findet man an einer Seite, wo die äußere, aus großen Steinen bestehende Bekleidung des Thurms abgefallen ist, eine Oeffnung. Sie ist etwas mehr als einen Fuß ins Gevierte weit, ganz glatt ausgemauert und windet sich ohngefähr fünfzehn Fuß in der Dicke der Mauer herum, ehe sich solche links in dem Thurm öffnet. Durch solche kann man mühsam in den Thurm kriechen; ohne Zweifel stieß ein nicht mehr vorhandenes Gebäude an den Thurm, in dem sich diese Höhle öffnete und so einen geheimen Aus- und Eingang bildete. In dem Thurm liegen hinabgefallener Schutt und Steine, nichts Besonderes läßt sich entdecken. Auf der Mittag- und Abendseite läuft ein äußerer Gang mit gemauerter Brustwehr um die Burg, die, zum großen Theil aus behauenen Quadersteinen erbaut, dem Ungestüm der Zeiten trotzt. Mehrere Mauern, Thürme und Rondele umgeben sie tiefer, von denen besonders ein Rondel auf der nördlichen Seite sich durch seinen Umfang und seine Lage auszeichnet. Es steht auf der Spitze eines Basaltfelsens, der, durch das Herausbrechen der Steine ausgehölt, drohend über der Tiefe hängt. Auf der nördlichen Seite im Burghof sind die Reste eines Brunnens.

Eine freundliche Aussicht ergötzt das Auge auf der Höhe. Butzbach, viele Dörfer und Höfe liegen herum, Hohensolms und Ulrichstein ragen auf fernen Höhen empor. Den nordöstlichen Fuß des Burgbergs umgibt das Städtchen Münzenberg. Ueber demselben hinaus, eine Stunde entfernt, liegt an einer Waldecke das ehemalige reiche Cisterzienser Mönchs-Kloster Arnsburg, in ferner Vorzeit Stammburg einer angesehenen Dynasten-Familie, von ihren Erben, den Münzenbergern, vor mehr als siebenthalbhundert Jahren zum Kloster geweiht und die Stätte ihrer Ruhe. Im letzten Krieg (1802) aufgehoben und zur Solmsischen Domäne gemacht, sind die weitläuftigen, sonst reizenden Anlagen verödet, mehrere Gebäude und die schöne Kirche abgebrochen, die Grüfte zerstört.

Von der zerfallenen, sonst stolzen Wohnung des mächtigen Dynasten-Geschlechts der Münzenberger hinüber blickend nach der zerstörten Stätte ihrer Ahnen und ihrer Ruhe im Tode, fühlt man wehmüthig den Unbestand menschlicher Dinge.

Hinauf bis in das zehnte Jahrhundert reichen Nachrichten des reichbegüterten Dynasten-Geschlechts von Hagen. Im Hain zur Dreieich, einem jetzt Ysenburgischen Dorfe, zwei Stunden von Frankfurt auf der linken Mainseite, liegen die Ruinen des Stammschlosses, wahrscheinlich schon zu der Römer Zeiten erbaut. Ein gleich altes edles Geschlecht blühte in der Wetterau, von ihrem Stammsitze Arnsburg genannt, und dort mit großen Gütern angesessen. Von letzterm lebte Herr Kuno (Konrad) um das Jahr 1064. Mit ihm erlosch der Mannsstamm, und seine Tochter Gertraud, vermählt an Herrn Eberhard von Hagen, brachte diesem die väterliche Verlassenschaft zu. Ihr Sohn Konrad, welcher 1129 zum erstenmal vorkommt und sich Herr von Hagen und Arnsburg nannte, stiftete mit seiner Gemahlin, deren Abkunft ungewiß ist, im Jahr 1151 das Kloster Aldenburg in der Wetterau und ertauschte von Fuld den Berg Münzenberg gegen den Hof Gülle.

Er hinterließ einen Sohn Kuno I., welcher mit Luitgarde, der Erbtochter aus dem berühmten Dynasten-Geschlecht der Nüringer, vermählt war, welche ihm die Schlösser Königstein und Falkenstein und bedeutende Zubehörungen zubrachte.

Er, vielleicht schon sein Vater, erbaute auf dem von Fuld ertauschten Berg die Burg Münzenberg, und nahm diesen Namen, der 1168 zuerst vorkommt, an. Die Mönche des Klosters Aldenburg versetzte er im Jahr 1174 in sein väterliches Schloß Arnsburg, und ward so Stifter dieses Klosters. Im Jahr 1193 stiftete er ein Spital in Frankfurt, das im Jahr 1207 dem dortigen deutschen Hause einverleibt ward.

Bis zum Jahr 1210 erscheint er häufig in Urkunden und starb 1212. Er war ein standhafter Anhänger der Kaiser Philipp und Otto gegen Kaiser Friedrich. Sein Sohn und Nachfolger Cuno II. theilte diese Gesinnungen seines Vaters; darum ward er im Jahr 1217 von dem mächtigern Friedrich II. seiner Länder entsetzt, welche seinem Bruder Ulrich I. zugewendet wurden. Cuno II. starb vor 1225 kinderlos. Cuno III. der Sohn Ulrichs I. und seiner ersten Gemahlin Adelheid, Eberhards Warro von Hagen Tochter, starb vor dem Jahr 1244 und vor seinem Vater, und der Sohn seiner zweiten Gemahlin Adelheid, Gräfin von Ziegenhain, Namens Ulrich II. folgte ihm. Dieser lebte mit Helwig von Weinsberg in unfruchtbarer Ehe. Vergebens übertrug er im Jahr 1254 das Patronatrecht der Kirche des Johannisbergs bei Nauheim dem Dom-Capitel in Mainz, in der Hoffnung durch dessen Fürbitte mit Leibeserben gesegnet zu werden. Auch andere zu gleichem Zweck gemachte Stiftungen waren ohne Erfolg. Kinderlos starb er im Jahr 1255. Mit ihm erlosch das Münzenbergsche Dynasten-Geschlecht im Mannsstamm, welches die großen Besitzungen dreier der angesehensten Dynasten-Familien, der Nüringen, der Arnsburg und der Hagen — die der Hauptsubstanz nach aus den Herrschaften Münzenberg, Assenheim, Königstein, Nüringen, Hagen oder Hain im Dreieich und Babenhausen bestanden — und ihre Würden, die Reichsvogtei des Reichs- und Königforsts zur Dreieich und der Wetterau und die Reichs-Erbkämmerer Würde in sich vereinigte.

Sechs Schwestern überlebten Ulrich II. Die jüngste, Lucardis, war geistlich und Aebtissin in Padenhausen. Ihn beerbten daher die übrigen fünf weltlichen Schwestern, und es theilten

1) Adelheid, aus erster Ehe Ulrichs I., vermählt an Reinhard Herrn zu Hanau,

und folgende aus zweiter Ehe:

2) Isengard, Gemahlin Philipp I. von Falkenstein,
3) Elisabeth, vermählt an Engelhard von Weinsberg,
4) Hedwig, Gemahlin Heinrich Marschalls von Pappenheim,
5) Agnes, vermählt mit Conrad von Schönberg

das brüderliche Erbe, und es erhielten jeder der beiden Söhne der indessen verstorbenen Elisabeth von Weinsberg, gegen eine Vergütung von 500 Mark Silber, ein Sechstel der Erbschaft, mit Ausnahme von Königstein und der Nassauischen Lehen. Gemeinschaftlich blieb die Stadt und das Stammhaus Münzenberg.

Der Miterbe Philipp I. von Falkenstein erkaufte im Jahr 1256 das Erbtheil des Weinsbergers und trat seinen Antheil an der Burg Münzenberg im Jahr 1270, bei der Abtheilung mit seinem Bruder Werner I. an diesen ab. Letzterer erbaute in Münzenberg eine Capelle und schenkte im Jahr 1271 dem Kloster Reters einen Wald, und den Antonittern in Grünberg die Kirche Amene (Ober-Ohmen) unter der Bedingung, daß zwei von ihren Geistlichen stets den Gottesdienst in der neuen Capelle zu Münzenberg versehen sollten. Im Jahr 1272 erkaufte Philipp I. von Falkenstein auch den Erbtheil von Agnes von Schönberg und im Jahr 1286 auch von Hedwig von Pappenheim den ihrigen. Fünf Sechstheile der Burg kamen auf diese Weise in Falkensteinische Hände, ein Sechstheil besaß Hanau. Beide Dynasten schrieben sich von der Zeit an, neben dem Namen ihres Stammes: Herren von Münzenberg. Mehrere der Falkensteiner bedienten sich sogar des letztern Namens allein und vererbten ihn auf ihre Nachkommen.

Aber auch die Falkensteiner erloschen im Mannsstamm (den 4. October 1418) mit dem Erzbischoff Wernher von Trier. Ihn überlebten seine kinderlose Schwester Anna, Wittwe des H. Gottfried von Rinas in erster, und H. Günther von Schwarzburg in zweiter Ehe, sodann die Kinder seiner beiden früher verstorbenen Schwestern Lukarde, vermählt an Eberhard von Eppstein und Agnes vermählt an Otto von Solms. Anna ward mit einer Leib-Rente auf Lich und Assenheim, die jährlich zweihundert achtzig Gulden und zwei Fuder Wein betrug, und einer Wohnung in Münzenberg, wo solche nach dem Jahr 1420 starb, abgefunden. Die Dynasten von Solms und von Eppstein waren jetzt die einzigen Erben der Falkensteiner und der ihnen gehörigen fünf Sechstel an Burg und Stadt Münzenberg. Von diesen fielen fünf Zwölftel auf Solms, ein gleicher Theil auf Eppstein [1]).

Im Jahr 1581 kam mit der Grafschaft Eppstein-Königstein in der Wetterau, von dem Eppsteinischen Antheil die Hälfte mit fünf vier und zwanzigstel an Mainz und die andere Hälfte an Stollberg-Gedern, und im Jahr 1684 trat Mainz diesen Antheil, der Reichslehen war [2]), an Hanau ab. Seit damals und bis zur neusten Zeit,

---

[1]) Kopp, de insigni differ. inter S. R. J. Comites et nob. immed. p. 366. Gudenus cod. dipl. Tom. 1. p. 199 u. 263. Tom. 3. p. 1093. — Archiv für Hessische Geschichte und Alterthumskunde Bd. 1. S. 9. und 280. Bd. 3. VIII. — Schmid Geschichte des Großherzogthums Hessen. Gießen 1819. Bd. 2. S. 157. — Fichard Frankfurtisches Archiv. Bd. 2 S. 95. — Engelhard Erdbeschreibung der Hessischen Lande, Casselschen Antheils. Cassel 1778. Thl. 2. S. 814.

[2]) Beschreibung der Hanau Münzenbergischen Lande 1720. S. 280.

wo der Hanausche Antheil in Folge der Territorialveränderungen 1810 an das Großherz. Hessen fiel, besaßen an Schloß und Stadt Münzenberg

1) Hanau und nach dessen Abgang Hessen-Cassel . . . 9/24
2) Solms 10/24
3) Stollberg-Orthenberg-Rosla 5/24

Vom Solmsischen Antheil gehörten 15/48 nach Braunfels, die andern 5/48 nach Laubach. Alle Theilhaber nennen sich Herren von Münzenberg, und die Grafschaft, jetziges Fürstenthum Hanau, führt den Beinamen: Hanau Münzenberg, zum Unterschied der Grafschaft Hanau-Lichtenberg im Elsaß.

Wenige Burgen mögen so stattlich und fest, als diese gewesen sein. Die Befestigungen, die zugleich das Städtchen umschließen, sind weitläuftig und ausgedehnt. Auch lag auf der westlichen Seite ein Thiergarten, in dem Wild gehegt ward. Die angesehensten des benachbarten Adels waren Burgmänner daselbst, von denen im Jahr 1304 v. Pingesten, v. Belversheim, v. Colnhusen, v. Colbendensel, v. Dreise, v. Birkeler, v. Griedele, 1355 Dietrich v. Hattstein, 1715 v. Bellersheim, v. Hattstein, v. Löw, und 1732 der Brigadier Lothar Franz von Löw, Philipp Heinrich von Bellersheim und der Geheime Rath und Oberstallmeister von Hattstein genannt werden [3]).

Die Besitzer ließen solche durch Amtleute, Burggrafen und Keller verwalten. In den Jahren 1413 erscheinen als Amtleute Eckart und Cuno von Rodenhausen, welche Stelle letzterer noch 1420 bekleidete; 1435 war Conrad von Moschenheim Burggraf, und in den Jahren 1436 und 1437 sind gleichzeitig Henne von Belversheim der alte, Henne von Belversheim genannt Grape, Henne von Colnhusen und Crafft Riedesel, Amtleute daselbst. Im Jahr 1461 waren solches Johann von Schönborn, Ritter, und Heinrich von Selbult, 1496 waren Wernher von Halbern und 1522 Heinrich von Moschenheim Burggrafen [4]).

Außer den vorberührten Besitzveränderungen waren der Burg Münzenberg wohl wenige Schicksale, vor denen sie der Besitz der

---

[3]) Untersuchung der Frage: Ob die Grafen von Hanau mit den von Carben zu vergleichen seien. 1734. S. 81.

[4]) Das. S. 81. — Urkunden im Archive der freien Stadt Frankfurt.

mächtigsten Dynasten bewahrte, beschrieben. Auch sie, wie so viele, zerstörte der dreißigjährige Krieg. Vielleicht geschah es durch den liguistischen General Spinola, der solche im Jahr 1621 eroberte. Zeiler sagt in der Merianschen Topographie von Hessen 1655, also gleich nach diesem Kriege, von ihr:

Minzenberg ist vorweilen ein vortrefflich Haus oder eine schöne Burg gewesen, von welchem Schloß noch zween Thürm, aber verstört und verwüstet übrig sein.

Auch Winkelmann in seiner Beschreibung von Hessen Thl. 1. S. 147 sagt, daß es im dreißigjährigen Kriege zerstört worden sei. Nur das mittlere Thor war noch bei Menschen Gedenken wohnlich überbaut, und die Beamten der Mitherrschaften, die sich jährlich einigemal Geschäfte halber in Münzenberg einfanden, versammelten sich gewöhnlich in dem kleinen Stübchen zu freundlicher Erholung. Aber seit dem ersten Jahrzehend dieses Jahrhunderts ist auch dieses zerstört. Seit sehr alten Zeiten befand sich in Münzenberg eine Münzstätte, und auf einer Münze Ulrichs I. von Münzenberg lies't man den Namen: Mincenberg. Der Sage nach soll noch in den Jahren 1619 und 1620 daselbst eine große Menge von Kipper- und Wippermünzen unter Solms Lichischem Stempel geprägt worden sein [5]). Dieses Münzrecht gab vielleicht dem Schloß den Namen, den Andere von der Pflanze: Münze (mentha) herleiten, mit dem der Berg bewachsen gewesen sein soll.

Cuno I. von Arnsburg, Stifter des Münzenbergischen Geschlechts, vertauschte sein angestammtes Wappen (die alten von Hagenowe, Hagen, Hayn, führten Sparren im Wappenschilde) mit einem neuen, das drei blättrige Stengel auf drei Erhöhungen oder auch einen blättrigen Stengel (angeblich die Pflanze „Münze“ mentha), zwischen zwei Thürmen auf drei Erhöhungen zeigt, letzteres ohne Zweifel eine Abbildung der Burg vorstellend, ein Siegel, dessen sich noch jetzt die Stadt Münzenberg bedient. Merkwürdig ist es, daß die Münzenberger Erben, ohnerachtet sie den Titel Herren zu Münzenberg ihren Stamm-Namen anfügten, das Wappen ihrer Erblasser nicht in ihrem

[5]) Archiv für Hessische Geschichte im Bd. 1. S. 95.

Schild aufnahmen, sondern statt dessen den zwerchroth und goldgetheilten Schild in ihr Wappen setzten, den die alten Grafen von Nüringen, aus deren Verlassenschaft ein großer Theil der Münzenberger Lande herrührte, führten [6]), und den wir noch jetzt in den Wappen des Kurhessischen Fürstenthums Hanau und der Fürsten und Grafen von Solms sehen.

Eine Abbildung von Münzenberg befindet sich in Merians Topographie von Hessen, auch hat J. Th. Prestel in Frankfurt noch Zeichnungen von Schütz: eine Ansicht der Ruine, eine des äußeren und eine des inneren Thors herausgegeben. Noch gibt es eine kleine ältere Abbildung in Octav.

So unbedeutend auch vorstehende Geschichte der Burg Münzenberg an und für sich ist, so findet sich deren Abdruck doch wohl durch den Einfluß gerechtfertigt, den die Münzenbergische Erbschaft auf die Verhältnisse der Umgegend hatte.

---

[6]) Archiv ꝛc. Bd. 4. Nr. III. und Bd. V. — Näheres über die Münzenbergische Verlassenschaft und deren Vererbung findet man bei Wenk Hessischen Landesgeschichte. Bd. 1. S. 271. — Archiv für Hessische Geschichte. Bd. 1. S. 1. ff. — Buni behauptete Vorrechte deren alten Königlichen Bannforste 1744.

IV.

Falkenstein.

Und während rings die Thäler schon in Nacht
Der immer längern Riesenschatten sinken,
Sieht man das Hochgebirg voll Pracht
Noch lang in goldnem Glanze blinken;
Wo, wie mit Zauberlicht umweht,
Auf höchster Spitz umzackter Felsen Massen
Sich kühn gethürmt, doch lang verfallend und verlassen
Die stolze Ritterburg erhebt.

C. Neuffer.

Falkenstein.

Am südlichen Abhang des Höhegebirgs (Taunus), anderthalb Meilen von Frankfurt am Main, erhebt sich ein Felsen, unzugänglich von Norden, Osten und Süden, von Westen mühsam zu ersteigen, und hier mit Laubholz bewachsen. Auf seiner Spitze (1470 Fuß über dem Meere) [1]) trauern öde die Trümmer von Falkenstein. Reste der Ringmauer und Rondele, die zerfallenen Mauern eines kleinen Hauses, und ein viereckiger Thurm mit einem Umgang, aus dem sich eine runde Fortsetzung erhebt, auf dem in die Ringmauer eingeschlossenen Gipfel des Felsens kühn erbaut, sind die Reste einer Burg, die aus grauer Vorzeit herrührend, und Stammhaus eines mächtigen, längst erloschenen Dynasten-Geschlechts, ihren Namen im Munde des Volkes der Nachwelt bewahrt. Der Umfang der Burg ist nicht groß, und die geringen Mauerreste im Innern lassen kaum die Stätte erkennen, wo Gebäude gestanden haben. Wasser war im Innern der Burg nicht; doch will man hart an der äußeren Mauer unter überhängendem Felsen eine Stelle finden, wo ein Brunnen gewesen sein könnte.

In frühen Jahrhunderten beherrschte ein Zweig des Salisch Conradinischen Geschlechts die später sogenannte Grafschaft Königstein

---

[1]) Archiv für Frankfurts Geschichte und Kunst. Heft 1. S. 113.

und andere in der Wetterau zerstreute große Besitzungen, damals Nüring, von dem gleichnamigen Schlosse vor der Höhe also genannt. Der Name „Neuer Ring" macht wahrscheinlich, daß diese Burg auf der Stelle einer ältern erbaut war. Doch gab man ihr vielleicht den Namen, nach dem Beispiele der in dieser Gegend befindlichen Ringwälle der alten Deutschen [2]), und unterschied sie durch den Beisatz „Neu". Mit Gerhard von Nüring erlosch 1169 oder 1174 dieses berühmte Dynasten-Geschlecht im Mannsstamm. Seine Töchter, Luitgardis vermählt an den Dynasten Cuno I. (Conrad) von Münzenberg, und Jutta, Gemahlin des Dynasten Heinrich II. von Dietz sind seine Erben [3]). Erstere erhielt die Gegenden an der Höhe und in der Wetterau, mit ihnen die Burg Nüring. Cuno's Enkel Ulrich II. beschloß im Jahr 1255 den Münzenbergischen Mannsstamm. Als Erbinnen hinterließ er mehrere Schwestern, von denen Isengard an den Dynasten Philipp I. von Bolanden verheirathet war, der in einer Urkunde von 1271 zum letztenmal vorkommt [4]). Einen großen Theil der Nüringschen Güter erhielt auf diese Weise letzterer, unter ihnen auch die Burg Nüring, und durch Kauf und Verträge brachte er in den Jahren 1256 und 1258 von seinen Münzenbergischen Miterben den größten Theil dieser Verlassenschaft an sich, namentlich auch Königstein, den gewöhnlichen Wohnsitz seiner Nachkommen [5]). Den Familiennamen vertauschte er mit dem Namen „Falkenstein" den schon seines Großvaters Bruder Philipp von dem gleichnamigen Schloß am Donnersberg, wo die Bolandischen Besitzungen lagen, geführt hatte [6]), und wurde Stammvater des angesehenen Falkensteinischen Geschlechts. Dessen Bruder Wernher VI. pflanzte den Bolandischen

---

[2]) Ueber diese Ringwälle findet sich eine interessante Abhandlung von dem Herrn Geheimen Staatsrath Knapp in Darmstadt in dem Archive für Hessische Geschichte und Alterthumskunde. Bd. 2. S. 263.

[3]) Wenk Hessische Landesgeschichte. Bd. 1. S. 278. — Eigenbrod im Archiv für Hessische Geschichte. Bd. 1. S. 10. — Bodman Rheingausche Alterthümer. Bd. 2. S. 576.

[4]) Wenk a. a. O. Thl. 1. S. 279. — Eigenbrod a. a. O. S. 22.

[5]) Eigenbrod a. a. O. S. 14. 36.

[6]) Eigenbrod a. a. O. S. 3. 4. — Wenk a. a. O. Thl. 1. S. 279.

Stamm fort. Philipp I. verwahrte in der ihm verpfändeten Reichsburg Trifels (bei Annweiler im Baierschen Rheinkrejs) die Reichs-Kleinodien, die seine Gemahlin Isengard im Jahr 1246 an Kaiser Conrad IV. auslieferte [7]). König Wilhelm von Holland vertraute ihm solche abermals, die er 1269 dem König Richard von Cornwallis übergab, mit welchem er in vertrauter Freundschaft lebte, und welchen seine Söhne mit Geldvorschüssen unterstützten [8]). Seine Tochter Guda (Jutta Beatrix, von ihr führt das Schloß Gudenfels bei Caub seinen Namen) ihrer ungemeinen Schönheit wegen geprießen, war an gedachten Richard vermählt und fand ihre Ruhestätte in der Minoriten-Kirche zu Oxford [9]). Das Reichsgesetz der goldnen Bulle Kap. 1. §. 11. 12. und 14. macht, neben andern Reichsständen, auch den Falkensteinern zur Pflicht, die Churfürsten von Cöln, Trier und Sachsen, wenn sie sich zur Kaiserwahl nach Frankfurt begeben, mit bewaffnetem Geleite zu schützen. Dem Stuhl in Trier gab dies Geschlecht zwei Erzbischöffe: Cuno starb 1388, und Werner der letzte des Geschlechts im Jahr 1418. Prachtvolle Grabmähler in der St. Castor-Kirche in Coblenz bezeichnen die Stätte, wo sie im Tode ruhen [10]).

---

[7]) Heinrich Teutsche Reichsgeschichte. Bd. IV. S. 504.

[8]) Urkunde bei: Gebauer Leben Richards. S. 245. 404. 410. — Historia der Reichsgrafschaft Falkenstein, jenseits des Rheins am Donnersberg gelegen. S. 2. — Lersner Frankfurter Chronik. Thl. 1. S. 62.

[9]) Eigenbrod a. a. O. S. 22.

[10]) Die meisten Falkensteiner liegen im Kloster Arnsburg, dessen Schutzherren sie waren, beerdigt. Nach Winkelmann Beschreibung von Hessen Thl. 1. S. 149 fanden sich dort folgende Grabschriften:

A. D. MCCCXLIII obiit Philippus de Falkenstein in vigilia Parasceves;

sodann

A. D. MCCCLXV VII Cal. octobris obiit Dominus Johannes de Falkenstein.

Der letzte weltliche Falkensteiner Philipp VII. liegt im Chor der Kirche in Butzbach begraben. Um sein in Stein gehauenes an der Wand aufgestelltes Bildniß steht die Inschrift:

Anno Domini MCCCCX postridie Antonii die obiit vir nobil. Dus Philippus Comes in Falkenstein et Dn in Minzenberg, cujus anima requiescat in pace.

Bei der Mutscharung (einer Theilung der Einkünfte und Lasten, während die grund- und hoheitlichen Besitzungen gemeinschaftliches Familieneigenthum bleiben), welche mehrgedachter Philipp I. am St. Petersabend 1266 zwischen seinen Söhnen Philipp II. und Werner I. auf fünf Jahre errichtete, erhielt letzterer die Verpflichtung des Unterhalts der Burg Nüring. Beide Brüder stifteten sodann zwei Linien. Eine Todtheilung (eine gänzliche Abtheilung der Besitzungen und Einkünfte) zwischen beiden Brüdern ist nicht hinlänglich bekannt, daß aber eine solche stattfand, ist außer Zweifel, und daß Falkenstein (Nüring) auf Philipp II. fiel, wahrscheinlich. Die von Werner gestiftete Linie erlosch mit dem letzten des Mannsstamms des ganzen Geschlechts (1418); jene Philipps II. verblühte schon mit seinem Sohn Philipp IV. um das Jahr 1334 [11]).

Unbekannt ist es, ob Philipp I. oder einer seiner Söhne die Burg Nüring herstellte und ihr seinen Namen: „Falkenstein“ beilegte, ein Name unter dem das Schloß bereits 1330 vorkommt [12]), doch ward solches noch oft mit dem Namen: Nürings, Neringes benannt, und das Dörfchen, am Fuße der Burg liegend, wird in alten Zinsbüchern und Landcharten also bezeichnet, und bewahrt den längst verklungenen Namen [13]). Früher war Nüring eine Reichsburg und

---

Die Bezeichnung des Todesjahres 1410 ist auf dem Grabstein irrig, da er 1409 starb. Genealogia Dominorum Falkensteinensium 1745 S. 23; und der letzte des Geschlechts, Erzbischof Werner von Trier, starb in der Nacht vom 4. auf den 5. October 1418. Sein Grabmal in der Castor-Kirche zu Coblenz trägt nach Gothardi genealogische Geschichte der erblichen Reichsstände mit der Inschrift:

Hic requiescit reverendus Dominus, Dn Wernerus de Kœvinstein archiepiscopus Trevirensis, qui obiit Anno Do 1418 IV mens. oct.

[11]) Eigenbrod l. c. S. 25. — Exceptiones in Sachen Stollberg ca. Mainz, die Grafschaft Königstein im Jahr 1750. Anlage Nr. 26. S. 88.

[12]) Im Jahr 1320 vff samstag nach sante franziscustag, schreibt Gerhard von Wachenheim, Amtmann zu Falkenstein, an den Rath in Frankfurt und bittet um Geleide für Cuntzen, einen Roßtäuscher aus Mainz. Urkunde im Frankfurter Archive.

[13]) Die Jägersche in der Mitte des vorigen Jahrhunderts erschienene Landcharte. Beurkundete Nachrichten von der Herrschaft Reiffenberg und dem Stock-

nur im unterpfändlichen Besitz der Inhaber; aber seit dem Ende des dreizehnten Jahrhunderts kommt es, als solche, nicht mehr vor, sondern statt dessen erscheint Königstein als Reichslehen [14]).

Schon am Ende des dreizehnten Jahrhunderts scheint eine Besitzveränderung hinsichtlich der Herrschaft Nüring und des Schlosses Neu-Falkenstein (so ward solches zum Unterschied des Schlosses Falkenstein am Donnersberg benannt) vorgegangen und solche aus dem Besitz der Falkensteiner in die Hände der stammverwandten Dynasten von Bolanden gelangt zu sein. Werner VI. von Bolanden hinterließ einen Sohn Philipp II. mit dem im Jahr 1276 dessen Mannsstamm erlosch. Seine Erbtochter Cunigunde vermählte sich zu Ende des Jahrhunderts mit Heinrich I. Grafen von Sponheim, Kreuznacher Linie, und brachte ihm die Bolandischen Herrschafften zu. Durch sie kam wahrscheinlich die Herrschaft Nürings und das Schloß Falkenstein an die Sponheimer. Unermittelt ist das Recht ihres Besitzes. Vielleicht hatte es schon ihr Vater von seinem Vetter, dem Falkensteiner, erworben oder unterpfändlich erhalten. Jedenfalls besaßen schon in der ersten Hälfte des vierzehnten Jahrhunderts die Sponheimer das Schloß Falkenstein mit Zubehör. Daß die Falkensteiner nicht mehr in dessen Besitz waren, beweist der Umstand, daß damals, als Carl IV. und Günther von Schwarzburg um die deutsche Krone stritten, Gottfried VII. von Eppstein, dem Carl für seine Hülfe gegen Günther viertausend Pfund Heller verschrieb, auf Carls Befehl 1349 Falkenstein — wahrscheinlich nur das Dorf — verbrannte; was nicht geschehen sein würde, wenn es dem gleichnamigen Geschlecht, das, gegen eine Verschreibung von achttausend Pfund Heller, auf Carls Seite stand, eigen gewesen wäre [15]). Urkundlich war im Jahr 1330 Ger-

---

heimer Gericht 1776. Beilage 80. S. 142, wo es noch im Jahr 1617 Noringes genannt wird. Wetterauscher Geographus, Frankfurt 1747 S. 296 nannt es „Nirgends".

[14]) Gebhardi genealogische Geschichte der erblichen Reichsstände. Thl. 1. S. 618.

[15]) Lersner Frankfurter Chronik. Thl. 1. S. 77. — Johann von Falkenstein und dessen Bruders Sohn Philipp, erhielten beide zusammen viertausend Pfund Heller, und Philipp der ältere von Falkenstein gleiche Summe, laut

hard von Wachenheim Amtmann zu Falkenstein, und im Jahr 1350 kommt Peter von Wachenheim als Amtmann des Grafen Henne von Sponheim daselbst vor, eine Stelle, die später Eckile bekleidete [16]).

Heinrich I. von Sponheim, Sohn des Grafen Philipp von Sponheim, Herr zu Dannenfels, legte sich den Namen: Bolanden, bei, und vermählte sich im Jahr 1320 mit Elisabeth, einer Tochter des Grafen Dietrich IV. von Catzenelnbogen (Stieftochter des Raugrafen Heinrich von Neuen-Baumberg, mit welchem sich ihre Mutter in zweiter Ehe vermählte), welche er, im Einverständniß von Loretta, Wittwe Otto's von Bolanden, und ihrer Söhne Philipp und Conrad, auf seinen Theil an der Burg und Herrschaft Kirchheim bewitthumte. Dessen Sohn Heinrich II. hinterließ eine einzige Tochter Elisabeth, welche sich an Graf Krafft IV. von Hohenlohe verheirathete. Dieser zeugte auch nur eine Tochter Anna, die um das Jahr 1385 mit dem Grafen Philipp von Nassau vermählt ward, und damit die Kirchheim-Bolandischen Lande und Neufalkenstein an Nassau brachte [17]).

Wie aber, ohnerachtet der vorstehenden Besitzveränderungen die Falkensteiner noch im Jahr 1383 als Eigenthümer Falkensteins urkundlich handeln, ist bis jetzt nicht aufgeklärt. In gedachtem Jahr waren nämlich die Ritter Rudolph und Friedrich (Friedrich von Sachsenhausen ist im Jahr 1411 oberster Hauptmann der Grafschaft und Herrschaft Falkenstein und Münzenberg) und der Edelknecht Wolf, sämmtlich Gebrüder von Sachsenhausen für die Pfandsumme von fünfzehnhundert Gulden im unterpfändlichen Besitz des Schlosses. Unter Vermittlung seines Oheims Cuno von Falkenstein, Erzbischof von Trier, schloß Philipp von Falkenstein, auf Laurenzientag des heiligen Märtirers in dem oben bemerkten Jahr mit den Rittern von Sachsen-

---

Verschreibung d. d. nehsten Montag vor st Bernacientag 1349. Die Urkunde in Beschreibung der Hanau-Münzenbergischen Lande 1720. Anhang Urkunde D.

[16]) Urkunden im Frankfurter Archive.

[17]) Widder Beschreibung der Kurfürstlichen Pfalz am Rhein. Bd. 3. S. 47. — Limburger Chronik. Wetzlar 1720 S. 101. — Kremer diplomatische Beiträge zum Behuf der deutschen Geschichte. S. 201. — Wenk Hessische Landesgeschichte. Bd. 1. S. 518 irrt wohl, wenn er angibt, Neufalkenstein sei stets Nassauisches Lehen gewesen.

hausen, der Auslösung des Schlosses Neufalkenstein halber, einen Vertrag ab, worin bestimmt ward, daß die Falkensteiner das Schloß gegen Zahlung eines Capitals von siebenhundert fünfzig Gulden und eine jährliche an die Pfandinhaber zu zahlende Rente von sechszig Gulden wieder einlösen, letztere aber zu jeder Zeit mit siebenhundert fünfzig Gulden abkaufen konnten. Noch wurde ausdrücklich bestimmt, daß die Sachsenhausen es zwar weiter, jedoch an keinen Fürsten, Grafen oder Herrn verpfänden sollten [18]). Doch läßt sich dieses Verhältniß erklären, wenn man annimmt die Falkensteiner hätten das Schloß am Ende des dreizehnten Jahrhundert den Bolanden auf Wiederkauf unterpfändlich überlassen, diese es später den Sachsenhausen eben so eingeräumt, von denen es sodann kurz nach dem Jahr 1383 die Erben der Bolanden (Sponheimer) wieder eingelöst und zugleich das Eigenthum von den Falkensteinern erworben hätten. Indessen sind hierüber keine Urkunden bekannt. Soviel ist jedenfalls gewiß, daß von jetzt an jede Spur eines Falkensteinischen Rechts an Neufalkenstein verschwindet, und Nassau als Eigenthümer erscheint, welches es an Mehrere zu Lehen gibt. Wir sehen nämlich am Ende des vierzehnten Jahrhunderts die Burg im Besitz Cuno's von Hattstein, der im Jahr 1392 daselbst wohnte, und im Jahr 1395 mit dem Beisatz: genannt von „Neringes“ vorkommt. Er fordert im letzten Jahre von der Stadt Frankfurt Entschädigung für ihm im Dorf Nürings zugefügten Schaden. In demselben Jahre nennen sich Heinrich und Georg von Hattstein gleichfalls von Nüringen, und es finden sich im Jahr 1420 Georg von Hattstein, 1429 und 1441 dessen Söhne Heinrich und Philipp und 1464 des letztern Sohn mit dem Beisatz „auf Neufalkenstein“ [19]). Im Jahr 1420 war Bertram von Vilbel, früher Hauptmann der Stadt Frankfurt, Ganerbe, vielleicht auch nur Burgmann oder Amtmann daselbst und wohnte in dem Schloß. Seiner Räubereien wegen berüchtigt, und noch Tags vorher gewarnt, überfiel er auf offener Heerstraße einen Kaufmann Namens Conrad Schwarz aus Augsburg

---

[18]) Urkunde bei Gudenus V. 833. — Senckenberg Sammlung rarer Schriften. Frankfurt 1751. Bd. 4. S. 255.

[19]) Urkunden im Frankfurter Archive.

und schleppte ihn nach Falkenstein um Geld von ihm zu erpressen. Wenige Tage nachher nahmen ihn, mit zwei Knechten, der Stadt Frankfurt Söldner gefangen. Er mußte seiner ebenfalls in Falkenstein wohnenden Hausfrau Else, Diemar von Reiffenbergs Tochter, schriftlich den Auftrag geben, den Gefangenen loszulassen. Kaum war derselbe frei, so ließ am folgenden Tag (27. August 1420) der Rath in Frankfurt Bertram und seine zwei Knechte vor dem Bockenheimer Thor öffentlich enthaupten [20]).

Im Jahr 1425 kommen Henne und Conrad, genannt Philipps von Hattstein, Conrad von Traissa und Hartmuth von Münster, als Ganerben in Falkenstein urkundlich vor. Den Frankfurtern rauben sie im October Schafe und treiben solche in die Burg, und 1426 werden, neben diesen, noch Philipp der ältere und Philipp der jüngere, beide von Cronberg, als Ganerben namentlich gemacht. In diesem und dem Jahr 1428 schleppen sie Kaufleute von der Landstraße nach Falkenstein. Conrad von Hattstein lies im Jahr 1430 einen Mann, unter dem Vorwand, er habe ihn ermorden und das Schloß an Frankfurt verrathen wollen, daselbst hinrichten [21]).

Im Jahr 1434 belehnt Philipp Graf von Nassau:

„den Philipp von Cronberg für sich und seinen Bruder mit der „Grafschafft zu Neringes, da nun das Schloß Neuenfalkenstein „auferbaut ist, mit Dorfen, Gerichten, Gebieten, Freiheiten, Renten, „Gülten, Zinßen, Gefällen, Walden, Wasser, Weide, ihren Theil, „nichts davon ausgeschlossen, als die von Alters her zu der vor„genannten Grafschafft zu Nerings gehört hat, und auch von Uns „und unsern Erben, als von der Grafschaft von Polanden zu Lehen „rührt" [22]).

Diese lehnbare Grafschafft, begriff des viel enthaltenden Lehnbriefes ungeachtet, wohl mehr nicht als Rechte der niedern Vogtei und Gerichtsbarkeit, und bestand bei dem im Jahr 1773 erfolgten Heimfall

---

[20]) Kirchner Geschichte von Frankfurt. Thl. 1. S. 338.

[21]) Urkunden im Frankfurter Archive.

[22]) Urkunde bei Bernhard von der wahren Beschaffenheit der Comecia in der Wetterau. S. 20.

des Lehens an Nassau, bloß in der Burg Falkenstein und dem Dorf Nüring [23]).

Philipp von Hattstein und Hans von Walbrun nahmen am 8. August 1436 in einer Fehde mit Friedberg letztern „fünf Gesellen und vier Pferde ab" die nach Falkenstein gebracht wurden [24]). Eben dieser Philipp von Hattstein, welcher von 1429 bis 1441 vorkommt, scheint mit den andern Ganerben in Irrungen verwickelt gewesen zu sein, denn er hatte mit diesen Fehde, in welcher Falkenstein erobert ward. Näheres hierüber und das Jahr sind unbekannt [25]). Er und sein Bruder Henne fingen in der Osterwoche 1441 zwischen Petterweil und Bonames mehrere Lübecker Kaufleute, Namens: Heinrich von Mynden — Burkards Henyngs — Jacob Phaffe — Hans von Strale — Otto Brombach — Milius Becker und Hans Büchsen, und brachten sie auf die Burg. Doch ließen sie solche auf die Verwendung des Raths in Frankfurt wieder los [26]). Eberhard Schelm von Bergen war im Jahr 1453 Burgmann und im Jahr 1458 sind Philipp von Hattstein und Hartmuth von Cronberg Baumeister in Falkenstein [27]).

---

[23]) Wenk Hessische Landesgeschichte. Bd. 1. S. 280. — Eigenbrod a. a. O S. 43.

[24]) Urkunden im Frankfurter Archive. — Lersner Chronik. Thl. 2. S. 174. — Hans Walbrüns Vater machte an die Stadt Friedberg Ansprüche, und ward in einer deßfalls entstandenen Fehde erschlagen. Diese Ansprüche, und der Vorwand sein Vater sei während gütlicher Unterhandlungen, also auf unredliche Weise von den Friedbergern erschlagen worden, gab Hans Walbrün Veranlassung zu der schon 1435 begonnenen neuen Fehde, die viele Jahre andauernd, für Friedberg — wo Walbrün in den ersten Tagen des Jahres 1448 Feuer anlegte, das siebenhundert Gebäude verzehrte — so unglücklich ausfiel, daß der Rath in Friedberg am Freitag nach Sonntag Lätare (8. März) 1454 den Rath in Frankfurt um Geleite für ihre Mitbürger — die Stadt Friedberg war in der Acht — mit dem Anfügen hat, daß die Stadt gänzlich verarmt sei, „so uwer Ersamkeit das eigentlich sehr, hörte vnd verstände, Ir hettet ein Mitleiden mit Vns".

[25]) Humbracht die höchste Zierde Deutschlands. Tafel 35.

[26]) Urkunden im Frankfurter Archive.

[27]) Deßgleichen. — Humbracht a. a. O. Tafel 61.

Eine Urkunde macht uns in diesem Zeitraum mit sämmtlichen Ganerben bekannt. Es errichten nämlich

„vff samstag nechst dem sondage Judica nach Christi Geburt dusent „vierhundert fünfzig vnd nune Jare".

„Wir die Ritter und Knechte, die Ganerben alle gemeinlicher „zu Nuwenfalkenstein vor der Höe gelegen"

einen Burgfrieden. Als Ganerben erscheinen hier: Herr Philipps von Cronberg Ritter — Frank von Cronberg — Hartmann von Cronberg — Walther von Reiffenberg — Hanns von Cronberg — Jacob von Cronberg — Philipps von Hattstein — Heinrich von Traich — Hans von Walborn — Conrad von Swalbach — Gernant von Swalbach — Hans von Erlebach — Lütz von Uben — Bernhard von Swalbach — Herr Eberhard von Neypperg Ritter — Bernhard Kulp — Adam von Wylbach und Hartmann von Traiche. Fünf, nämlich Herr Philipp von Cronberg Ritter, Philipp von Hattstein, Walther von Reiffenberg, Hans von Walbrünn und Adam von Wylbach, wurden aus den Ganerben erwählt: diese fünf ergänzen sich, im Fall einer abgeht, durch eigene Wahl; unter ihnen muß immer ein Cronberger und ein Hattsteiner sein; ihnen ist alles vertraut, was die Ganerbschaft betrifft; sie ernennen die jährlich wechselnden Baumeister, welche die unmittelbare Aufsicht über die Burg führen und ihre Beschlüsse verbinden sämmtliche Ganerben. Das jährlich auf St. Martinstag zu zahlende Baugeld darf sechs Gulden für jeden Ganerben nicht übersteigen; Rechnung wird jährlich abgelegt; Streitigkeiten unter ihnen legen die Baumeister gütlich bei, oder entscheiden mit Zuziehung einiger Ganerben. Ermordet einer den Andern, so verliert der Mörder seinen Antheil am Schloß und der Ganerbschaft; verwundet er ihn, so muß er selbst, mit einem Knecht und zwei reisigen Pferden in Frankfurt oder Mainz in einer Herberge ein halb Jahr Buße thun; schlägt oder schimpft einer den Andern, so leidet der Beleidiger gleiche Strafe, doch nur einen Monat lang. Wer durch Erbschafft oder auch auf andere Art zur Ganerbschaft gelangt — doch muß er zum Schilde geboren sein, sonst ist er ausgeschlossen — gibt zwanzig Gulden, sechs Achtel Korn und den Thurmhütern und Pförtnern einen Gulden. Verkaufen kann Keiner seinen Antheil, ohne der übrigen Ganerben Willen. Auch in diesem Burgfrieden erscheint der Name Nürings, und wird dem ganzen Umfang der ganerbschaftlichen Besitzung gegeben. Es heißt in solchem:

„Es soll auch vnser Burgkfriede als ferrn geen vnd gehalten „werden, als vnser Gerichte daselbst zum Norings geet vnd vmbge- „griffen hat, vnd zu demselben vnserne slosse Falkenstein gehört."

Noch ist angefügt:

„Vnd ist diese Verschreibungen vnd Burgkfrieden gescheen mit „Wißen vnd Verhencknis des Wolgeporen Junckherrn Philippsen „Graven zu Nassauw vnd Sarbrücken, von dem des vorgenant „sloß zu Lehen roret, vnd auch darin vnd darvß nit beschedigt „werden sol vngeverde."

Endlich wird bestimmt, daß die beiden ältesten aus dem Cronberger und Hattsteiner Stamm Lehnträger sein sollen [28]).

Im Winter des Jahres 1465 verbot Kaiser Friedrich III. den Ganerben in Falkenstein, den Bickenbachern in einer Fehde gegen Frankfurt beizustehen, bei Verlust ihrer Lehen und einer Strafe von dreißig Mark löthigen Goldes [29]).

In der Mitte des fünfzehnten Jahrhunderts, unter dem Baumeisteramt Franks von Cronberg, wurde in Falkenstein ein Thurm erbaut, und im Jahr 1486, als der Ritter Hans von Cronberg und Philipp von Hattstein Baumeister waren, ferner 1491 und 1501 ward daselbst gebaut [30]). Dem auf Mittwoch nach Marien Geburt 1492 errichteten Schutz- und Trutzbündniß der Schlösser der Wetterau: Friedberg, Gelnhausen, Reifenberg, Cronberg, Lintheim, Dorheim und Raden trat Philipp von Cronberg, Namens des Schlosses Falkenstein mit dem Vorbehalt bei:

„Der Herrschaft Königstein an Ire Gerechtigkeit, laut Verschrei- „bung zu Falkenstein unschädlich."

Wahrscheinlich war diese Gerechtigkeit ein Oeffnungsvertrag oder ein Versprechen, die Eppsteiner (Königsteiner) aus diesem Schloß

---

28) Urkunden im Frankfurter Archive.

29) Deßgleichen.

30) Beurkundete Nachrichten der Herrschaft Reifenberg 1776. Urkunde Nr. 7. S. 16.

nicht zu beschädigen. Jedenfalls beweist dieser Ausdruck, daß die Königsteiner (als Falkensteinische Erben) kein ursprüngliches, sondern nur ein vertragmäßiges Recht daselbst hatten. [31]).

Im Februar des Jahres 1500 war Heintze Goether und im Juni 1517 Lorenz von Algesheim, Burggraf in Falkenstein. Letzterer bescheinigt am 21. Juni den Empfang einer an die Ganerben gerichteten Ladung des Kaisers Maximilian I. den 2. Juli in Gelnhausen zu erscheinen, um wegen der Sickingenschen Fehde Rath zu pflegen [32]). Unbekannt ist die Geschichte dieser Burg in diesem Jahrhundert und auch wohl nicht bedeutend. Unwahrscheinlich ist es nicht, daß in der Sickingschen Fehde, worin die Cronberger und Reifenberger für Franz von Sickingen Theil nahmen, es die Hessen, die im October 1522 Cronberg eroberten, gleichfalls besetzten.

Im Jahr 1583 waren Hans von Cronberg Ritter und Philipp von Hattenstein Baumeister daselbst [33]).

Im Jahr 1612 ist das Schloß im Besitz Georg Christophs von Staffel, der sich auf Neufalkenstein schreibt. Ob er oder einer seiner Vorfahren solchen von den frühern Besitzern erworben hatte, ist unbekannt. Im Juli 1649 wohnte Adam Schrod, als Staffelscher Diener daselbst [34]). Mit dem am 18. Juli 1679 erfolgten Ableben Gerhard Adams von Staffel ward das Lehen eröffnet und sodann an Adolph Johann Carl von Bettendorf verliehen. Dieser vererbte es auf seine Nachkommen, welche mit dem Kur-Mainzischen-Oberhofmarschall Johann Philipp Freiherrn von Bettendorf im Jahr 1773 ausstarben, wo das Lehen als eröffnet an Nassau als Lehnsherrn zurückfiel und nicht weiter vergeben wurde [35]).

Geschichtlich ist noch aus diesem Zeitraum nachzutragen, daß die Burg Neufalkenstein im dreißigjährigen Kriege abwechselnd bald im

---

[31]) Urkunden im Frankfurter Archive. — Beurkundete Nachrichten b. c. Nr. 14. S. 14. Doch ist hier als Versammlungsort „Friedberg" genannt.

[32]) Urkunden im Frankfurter Archive.

[33]) Deßgleichen.

[34]) Deßgleichen. — Notiz aus dem Nassauischen Archive in Idstein. Beurkundete Nachrichten Reifenberg in Anlage Nr. 76. S. 137.

[35]) Schiller Geschichte des dreißigjährigen Kriegs.

Besitz der einen, bald der anderen kriegführenden Mächte war. In der Mitte des Decembers 1631 eroberten es die Hessen, denen sich auch das benachbarte Königstein, eine ausgedehntere Festung ergab [36]. Letzteres — womit der Kaiser, unter Widerspruch der Grafen von Stollberg, welche Erbrecht daran behaupteten, Kur-Mainz belehnt hatte — räumte der Schweden König Gustav Adolph dem Grafen Wolhard von Stollberg wieder ein, und vertraute zugleich letzterem die Obhuth von Falkenstein, welches derselbe noch im Anfang des Februars 1635 besetzt hielt. Als ihn in eben diesem Monat der Kaiserliche General Marquis de Grana in seinem Lager vor Frankfurt, — wohin sich der Graf auf Einladung und unter Versprechen völliger Sicherheit begeben hatte, um sich über Verschiedenes zu besprechen — so lange in Verhaft nehmen ließ, bis er Königstein den Kaiserlichen wieder eingeräumt hatte, so fiel auch Falkenstein in deren Hände, und am 8. Februar besetzten sie auch Cronberg und Reifenberg. Die von dem Grafen von Stollberg zerstörten Befestigungen von Falkenstein stellten die Kaiserlichen wieder her. Als die Hessen am 25. März 1647 Cronberg erstiegen, besetzten dieselben wahrscheinlich auch Falkenstein, und machten ihm ohne Zweifel, bei der am 24. November 1688 in dem Pfälzischen Krieg stattgehabten Eroberung Königsteins, einen abermaligen Besuch. Vielleicht wurden damals die Befestigungen Falkensteins, wie so mancher anderen Burg zerstört [37].

Der Westphälische Frieden gab Deutschland Ruhe und eine andere Gestalt. Jene sonst wichtigen Burgen verloren bei geänderter Kriegskunst ihre Bedeutsamkeit. Auch Falkenstein, auf mühsam zu ersteigender Felsenspitze erbaut, ohnehin nicht von großem Umfang, nur gelegen die Gegend und Raub zu erspähen, bot in den letzten Jahrhunderten keine sichere und bequeme Wohnung mehr dar; die

---

[36]) Königsteinische Deductionen und zwar summarische Vorstellung in §. 32. S. 11. — Exceptione auf S. 15. Anlage Nr. 21 und 62. — Merian Topographie von Hessen S. 37 und 73. — Archiv für Frankfurts Geschichte und Kunst. Heft 1. S. 113.

[37]) Der Verfasser dieses hat Falkenstein noch bewohnt gesehen.

Eigenthümer fanden anderwärts anmuthigern Aufenthalt. Die Burg zerfiel, und die Zerstörung von der Zeit begonnen, beförderten Menschenhände. Das letzte, bis dahin von einem Leinweber bewohnte Häuschen, ward in den achtziger Jahren des vorigen Jahrhunderts abgebrochen, damit es nicht baufällig und dem Einsturz nahe, hinab auf das am Fuße des Felsens liegende Dörfchen stürzen möchte [38]). Der noch später wohlerhaltene, jedoch dachlose Thorthurm und ein Theil der Mauern, besonders jene, welche den Eingang zum Thor von außen deckte und vor solchem einen Vorhof abschloß, wurden ungefähr um das Jahr 1816 niedergerissen, und die Steine zu einem Försterhaus im Dörfchen verwendet. Doch ward später die Zeit wieder in ihr Recht eingesetzt, und weitere Zerstörung durch Abbruch verboten. Endlich (im Jahr 1842) erwarb sich ein Privatmann, mit Erlaubniß der Regierung, das Verdienst, die baufälligen Theile befestigt, gefährliche Stellen durch Mauern geschützt, und den Thurm, der nur in der Höhe eine Thüröffnung hatte, und bis dahin aus dichter Mauer bestand, von seinem Fuß an, aufwärts durchbrochen und zugänglich gemacht zu haben. [39]).

Sonst liegt Falkenstein öde und wüst, keine Spur von Leben rührt sich im Burgraum, es müßte denn ein scheuer Vogel sein, der aus dem Gemäuer auffliegt, oder eine Eidechse, die durch das Gras schlüpft. Stille umgibt den Wanderer, der einsam diese Trümmer besucht. Das Leben und Treiben der Menschen, tief aus dem Thale, schlägt nicht an sein lauschendes Ohr, und nur leise hallt von den Wiesen, die am Fuße des Felsens abhängig sich ausbreiten, die Schalmei der Hirten und das Geläute der Heerden, oder der Schall der Glocken aus benachbarten Dörfern.

Die Aussicht auf Falkenstein ist herrlich. Dort westlich, eine halbe Stunde entfernt, liegt Königstein, vor wenig Jahren eine drohende Feste, jetzt in Ruinen (von den Franzosen im Jahr 1796 geschleift und zerstört) mit dem Städtchen gleichen Namens, weiter ent-

---

[38]) Es ist dies der Herr Johann Adam Herrmann Osterrieth, Handelsmann in Frankfurt.

[39]) Siehe oben Anmerkung 2.

fernt die Trümmer der Burg Eppstein; hier östlich, noch tiefer über das Dörfchen Falkenstein hinaus Cronberg mit dem Schloß und seinem hohen Thurm, einst der Sitz der erloschenen Gräflich († 1692) und Freiherrlich († 1704) Cronbergischen Familie. Hanau, Offenbach, Frankfurt, Höchst und eine unzählige Menge von Flecken und Dörfern liegen in der herrlichen Gegend zerstreut, die der Rhein, der Main und die Nidda wie silberne Bänder durchziehen. Am fernen Horizont ruhen die Gebirge des Vogelsberg, der hohen Rhön, des Freigerichts, des Spessarts, des Odenwalds, der rheinischen Pfalz und des Donnersberg. Nördlich schaut der Feldberg (2700 Fuß hoch) herab, und näher erhebt der Altkönig sein ehrwürdiges Haupt (2450 Fuß hoch) mit dreifachem germanischem Ringwall [40]. Am westlichen Fuße des Schlosses zieht sich ein freundliches Wiesenthal hin, und auf der Seite nach Cronberg umlagert den Felsen in schwindelnder Tiefe das Dörfchen Falkenstein.

Das Wappen der Ganerben von Falkenstein war in der Mitte des fünfzehnten Jahrhunderts der Ritter St. Georg mit entblößtem Schwerdt, zu Pferd, unter dem sich ein Drache windet.

Noch finde folgende Sage hier einen Platz. Ein Ritter, — man nennt ihn von Sayn — liebte ein Fräulein von Falkenstein; aber der Vater der letztern gab zur ehlichen Verbindung nur seine Einwilligung. spottend, wenn es dem Freier gelingen sollte, einen bequemen Weg zu der nur auf engen und gefährlichen Felsenwegen zugänglichen Burg bis zum andern Tage herzustellen. Da erscheint dem bekümmerten Ritter in der Dämmerung des Abends ein Berggeist, und erbietet sich den Weg zu vollenden, unter der Bedingung, daß er den Bergbau in gewisser Gegend, wo der Gnomen Wohnung sei, nicht weiter fortsetze. Der Ritter willigt ein, und Nachts ertönen bei Sturm und Wetter Hammer- und Meiselschläge, der Fels wird geebnet und Morgens, bei Aufgang der Sonne fordert der Ritter, auf bequem gebahntem Wege zur Burg gelangt, von dem überraschten Vater sein Liebchen.

---

[40]) Im Archive der freien Stadt Frankfurt befindet sich ein Abdruck dieses Siegels auf einem Briefe.

Im Munde des Volks lebt übrigens diese Sage nicht; hingegen folgende: durch den sich an der westlichen Seite des Altkönigs heraufziehenden Hohlweg, die Schärter Hohl genannt, führt der sogenannte Teufelsweg, der Sage nach, in Einer Nacht von den Berggeistern gebahnt, um ein gefangenes Fräulein aus der auf diesem Berg befindlichen Burg eines dort wohnenden alten Königs zu befreien.

Letztere Sage benutzte und verschönerte wahrscheinlich die Dichtung in neuerer Zeit und verlegte sie in das um eine Stunde entfernte Falkenstein.

Abbildungen Falkensteins.

1. In Dillichs Hessischer Chronik sieht man es noch in völligem Stand auf den Ansichten von Königstein und Cronberg in der Ferne.
2. Eine colorirte Ansicht, radirt von Kraus, im Prestelschen Verlag in Frankfurt.
3. u. 4. Zwei kleinere von Morgenstern radirt, in dessen malerischer Wanderung auf den Altkönig.
5. Eine in Kirchners Ansichten von Frankfurt nach Radl von Jury gestochen.
6. Hiervon ein Nachstich von Grape.
7. Eine in dem Werk: „Die Ritterburgen Deutschlands“ von Gottschalk.
8. Eine in aquatinta und
9. ein Duodez-Stahlstich im Lange'schen Verlag in Darmstadt und vielleicht noch mehrere.

V.

Königstein.

Oft klang das Lied aus diesen Hallen,
Oft klang das Schwerdt vom Königstein.
Doch ach! das Schloß es ist verfallen,
Und Niemand kehrt hier ferner ein!

Der Thurm zerschmettert von dem Blitze,
Und schaurig hallt das weite Chor!
Doch grünt und blüht aus jeder Ritze
Das Leben frisch und jung hervor.

Schreiber.

Königstein.

Zwei Meilen von Frankfurt am Main im Höhe-Gebirg liegt das Herzoglich Nassausche Städtchen Königstein, eilfhundert sechszig Fuß über dem Meer. Eine sich an dessen westlicher Seite zweihundert Fuß erhebende, nach allen Seiten steil abfallende felsige Anhöhe trägt die Trümmer der gleichnamigen Festung. Schon hoch am Berg öffnete sich ein gewölbtes und kasemattirtes Thor, und man betritt einen, sich rechts um den Berg windenden, hier auf hohen Mauern ruhenden Weg, der links durch aufsteigende Felsenhöhen, Rondele und Mauern begrenzt wird, unter denen weitläufige Gewölbe und Kasematten hinziehen. Links hoch herab schauen die Ruinen der Gebäude. Jetzt gelangt man zu einem langgewölbten Thor, das unter einer hochaufgemauerten rechts kasemattirten Bastion hinzieht und sich links an den Felsen, der die Schloßgebäude trägt, anlehnt. Durch solches immer hinansteigend, tritt man in einen ziemlich geräumigen, mit Ruinen und Gewölben umschlossenen viereckigen Hof, aus welchem sich auf östlicher Seite die Gebäude der Festung mit dem hohen viereckigen Thurm auf Felsen erheben. Sich gegen diese wendend, öffnet sich rechts am Ende dieser Gebäude ein weiterer Thorbogen, links an eben gedachten Thurm anstoßend und rechts durch einen runden Thurm geschützt, in welchem eine Treppe hinab in einen Keller ging. Dieser Thorbogen führt zu einem jetzt gänzlich zerstörten Gebäude, unter welchem ein Durchgang hinzog, und sodann, nachdem man die innere

Burg, vom ersten Thor an, wohl anderthalbmal, immer aufsteigend umgangen hat, auf einem sich aufwärts windenden Weg, zu einem schmalen Platz vor der ehemaligen herrschaftlichen Wohnung und zu dem jetzt gewöhnlichen Eingang in den innern Hof, den die Hauptgebäude der Festung umschließen. Noch bemerkt man in solchen eine theilweis verschüttete Zisterne, in welche das Regenwasser hineingeleitet war.

Die Festung, durch ihre Lage, durch hohe übereinander aufsteigende Befestigungswerke, durch kasemattirte Thürme und Rondele vertheidigt, trennt nur, gegen Norden, wo die Gebäude auf senkrecht behauenen Felsen ruhen, die hier durch eine über dem Hauptthor befindliche Bastion geschützt sind, ein Graben von dem auch hier steil abfallenden, bewaldeten Berg.

Vor der Zerstörung schützten vier Thore den einzigen Zugang zu der Festung. Das erste, südwärts sich links an eine hohe Mauer und rechts an einen kleinen Wachtthurm anlehnend, ist spurlos verschwunden, und das zweite gewölbte und kasemattirte Thor bildet den dermaligen Eingang, noch besonders durch eine auf der südöstlichen Seite vorspringende hoch aufgemauerte Bastion gedeckt. Hierauf folgte ein jetzt gänzlich zerstörtes drittes Thor, und endlich vertheidigte eine ebenfalls nicht mehr vorhandene Zugbrücke den Eintritt in das langgewölbte Hauptthor. Tritt man durch dieses in den viereckigen Vorhof, so stand rechts das Zeughaus, und eine bis an den auf nordwestlicher Ecke stehenden Pulverthurm hinziehende Mauer schloß die nördliche Seite. Westlich, dem Eintretenden gegenüber, stand die Kaserne, und vor derselben führte eine Leiter hinab zu zwei Ausfallthüren. Linker Hand südlich, über Kasematten, war ein Garten, nach außen durch hohe starke Mauern und den steil abfallenden Berg geschützt. Auf der südwestlichen Ecke erhebt sich auf hohem Mauerwerk eine vorspringende beide Seiten schützende Bastion, unterhalb welcher auf westlicher Seite die Franzosen im Jahr 1792 noch einige Befestigungen anlegten, welche die Oestreicher fortsetzten, von denen keine Spur mehr vorhanden ist. Mitten in dem Hof, an einer noch jetzt bemerkbaren Stelle, sprang ein Brunnen, der durch eine bleierne Röhrenleitung sein Wasser von der Falkensteiner Höhe erhielt. Im Rücken des Eintretenden, wo sich östlich die Hauptgebäude, auf felsiger Höhe erheben, führte ein schmaler auf Mauern ruhender, jetzt zerstörter Weg durch ein fünftes gewölbtes Thor, aufwärts in den innern Hof. Ihn umgaben nordöstlich die herrschaftliche und Kommandanten-Wohnung, über der auf kurzen dicken Säulen gewölbten Küche. Ein nach Norden gelegener Saal, dessen Stelle ein großes Fenster bezeichnet, führte den Namen des Sternsaales. Westlich folgten die protestantische Kirche, das Eingangsthor, und die Bäckerei, über diesen das Archiv. Auf der südwestlichen Ecke erhebt sich der hohe viereckigte Thurm, an welchen sich südlich die katholische Kapelle, die Wohnungen der Bediensteten und der Staatsgefangenen anschlossen. Im untern Geschoß waren Gefängnisse.

Gewöhnlich war die Festung mit fünfzig Mann besetzt, und mit ohngefähr zwölf meist eisernen Kanonen von schwerem Kaliber bewaffnet. Den Thurm bewohnte ein Wächter, der auf einer Glocke die Uhr anschlug und irgendwo ausgebrochene Feuersbrunst anzeigte, worauf sodann ein Allarmschuß von der Festung geschah.

Eine herrliche weitgedehnte Aussicht erfreut auf der Höhe. Tief und dicht an deren östlichem Fuß liegt das Städtchen Königstein; weiter hinaus auf waldumgebener Felsenspitze erhebt die Burg Falkenstein ihre Trümmer; auf der entgegengesetzten Seite ruht tief im Wiesengrunde das Dörfchen Schneidhein; zwischen den Höhen des Staufen und des Rosserts erscheint die zerfallene Burg Eppstein; südlich verliert sich das Auge in weiter Ferne. Man erblickt Frankfurt und eine Menge anderer Orte, den Rhein und den Main. Den Horizont begrenzen von Osten nach Süden und Westen die Gebirge der hohen Rhön, des Spessarts, des Freigerichts, des Odenwaldes, der Höhen bei Heidelberg, das Haard-Gebirge und der Donnersberg; nördlich bilden der Feldberg (2700 Fuß hoch) und näher der Altkönig (2450 Fuß hoch) den Hintergrund.

Wahrscheinlich stand an der Stelle der Festung Königstein ein Römisches Castel; später war Grund und Boden Königlich Fränkisches Eigenthum, und der Name des Schlosses, der als Kuningestein im Jahr 1256 genannt wird, läßt Königlich Fränkische Gründung vermuthen [1]). Doch leiten auch Manche den Namen von dem Namen

[1]) Würtwein Dioecös. Mogunt. comment. V. p. 8. — Beurkundete Nachrichten die Herrschaft Reifenberg und das Stackheimer Gericht 1776. §. 1.

5*

Cuno her, den mehrere der frühern Besitzer führten. Die Sage, daß Carl der Große im Jahr 795 eine Reichsversammlung daselbst gehalten habe, ist längst geschichtlich widerlegt. Unbezweifelt besaßen es nachher die Dynasten von Nüringen, deren Stammhaus Nüring (jetzt Falkenstein) in der Nähe lag. Als dieses Geschlecht im Jahr 1174 mit Herrn Gerhard im Mannsstamm erlosch, fielen dessen Besitzungen auf seine beiden Töchter, Lucardis, vermählt an den Dynasten Cuno (Conrad) von Hagen (der den Namen Münzenberg annahm und Stifter dieses Geschlechts ward), und auf Jutta, Gemahlin des Dynasten Heinrich von Dietz. Ersterer erhielt die Besitzungen am Höhe-Gebirg und in der Wetterau, mit ihnen Königstein. Cuno's Enkel, Ulrich II. beschloß im Jahr 1255 den Münzenbergschen Mannsstamm, und Philipp I. Dynast von Bolanden, erhielt durch seine Gemahlin Isengard, als Erbe, sodann durch Verträge mit seinen Miterben in den Jahren 1256 und 1258, einen großen Theil der Münzenbergischen Verlassenschaft, namentlich die Burgen Nüring und Königstein. Wahrscheinlich baute er die verfallene Burg Nüring wieder auf und nannte sie, nach einem seiner Familie gehörigen am Donnersberg gelegenen Schloß: Falkenstein, mit diesem Namen, den er selbst annahm, wodurch er Stifter des berühmten Falkensteinischen Geschlechts ward [2]).

Ein bei der Burg Königstein erbauter Flecken, welcher einen eigenen Pfarrer hatte, kommt schon 1289 vor [3]).

Philipp I. Nachkommen blieben wahrscheinlich längere Zeit in gemeinschaftlichem Besitz Königsteins, das jetzt als Reichslehen erscheint. Philipp IV. der von 1334 bis 1374 lebte und damals

---

Note 5. — Vogel historische Topographie des Herzogthums Nassau. Herborn 1836. S. 388.

[2]) Wenk Hessische Landesgeschicht. Bd. 1. S. 279. — Eigenbrod diplomatische Geschichte der Dynasten von Falkenstein, im Archiv für Hessische Geschichte und Alterthumskunde. Darmstadt. Bd. 1. S. 10. — Deductio des Gräflich Stollbergischen Erbrechtens 2c., die Grafschaft Königstein belangend. 1663. Anlage 1—10. — Bodmann rheingausche Alterthümer. Bd. 2. S. 576.

[3]) Grüsner Beiträge. III. Stück S. 185. 214. — Guden. cod. dipl. t. III. S. 764.

Königstein besaß, hatte mit Ulrich III. Dynasten von Hanau, Landvogt der Wetterau, Irrungen, und es kam im Jahr 1364 zu Thätlichkeiten, an denen zu Gunsten des Hanauers auch Johann und Philipp von Falkenstein, Conrad von Trimberg und die vier Wetterauschen Städte Frankfurt, Friedberg, Wetzlar und Gelnhausen Theil nahmen. Schon in diesem Jahr scheint Königstein belagert worden zu sein, denn in einem „crastino beati Jacobi Apostoli" 1364 bis nächsten Mitwoch Abend — (vom 26.—30. Juli) — abgeschlossenen, sodann „feria quinta ante inventionem corporis beati Stephani protomartiri" (30. Juli) bis zum Samstag den 3. August verlängerten Waffenstillstand war ausdrücklich bedungen, daß in dieser Zeit nicht mehr Speise auf des Falkensteiners Schlösser gebracht werden sollte, als jetzt dort sei [4]). Als diese Fehde gegen den inzwischen im April 1365 von dem Kaiser Carl IV. in die Acht erklärten Philipp VI. fortdauerte, eroberten die Verbündeten in demselben Monat die dem Falkensteiner gehörige Burg und Stadt Lich und die Burg Warnsberg [5]). Im Laufe dieses Sommers belagerten dieselben Königstein abermals vergeblich. In einer, unter Vermittlung des Grafen Walrat von Sponheim und des Grafen Wilhelm von Wede:

„Freitag nach sent Johans tag des Teuffers als her geborn „wart 1365 (26. Juni) abgeschlossenen Waffenstillstands-Vertrag „von morn an 'gift dies Brieffes so iz taget an zu czelen by vff „Montag nach sent petirs und sent pauls tage, so der angeet vnd „taget",

(also vom 27.—29. Juli) ward ausdrücklich bedungen, daß in dieser Zeit nicht mehr Speise nach Königstein gebracht werden sollte, als dort war [6]). Frankfurts Söldner nahmen Theil an dieser Belagerung, und Cuno von Hatzstein machte noch im Jahr 1395 wegen erlittenen Schadens Ansprüche an Frankfurt:

„It: zu deme ersten sprechen ich den von Frankfort zu da sie „lagen vor Königsteyn daz sie mir da geschadit hant in der Stad

---

[4]) Urkunden. — Lersner Chronik von Frankfurt. Thl. 2. S. 310. seq.

[5]) Böhmer cod. dipl. moeno Francof. p. 694.

[6]) Urkunden.

„zu Königsteyn an husin ane Zinßen ꝛc. zwey hundert Gulden me
„odir mynner."

„Daz sie myre zu dem Noringes mynen armen Luden zu dem-
„selbin Male vnd Zinßen vnd gude vnd gerichte verhiret vnd ver-
„brannt hant" [7]).

Nachdem Kaiser Carl IV. mittelst Urkunde vom 9. März 1366 den Städten erlaubt hatte, sich mit den Falkensteinern zu sühnen, so ward diese Fehde sabbato ante diem beate Margarethe Virginis (11. Juli) 1366 verglichen [8]).

So kräftig sich gedachter Philipp in dieser Fehde benommen hatte, so nachlässig zeigte er sich in einem im Jahr 1374 ausgebrochenen Streite mit den Reifenbergern, weßhalben:

„Der ward genannt der Stumme von Falkenstein, nicht daß er
„ein Stummer war von Reden, denn er war ein Stummer von
„Werken".

Die Reifenberger berannten Königstein und erstiegen das Schloß. Er suchte zu entrinnen, stürzte aber von einer Mauer herab — nach anderer Nachricht auf der Flucht mit dem Pferde — und ward mit vier Kindern gefangen nach Reifenberg gebracht, wo er wenige Tage nachher, an den Folgen des Falles, starb. Für die Freiheit der Gefangenen und die Herausgabe des Schlosses Königstein ließen sich die Sieger zehentausend Gulden bezahlen [9]). Die Familie kam hierdurch in eine so bedrängte Lage, daß die Wittwe, Agnes Tochter Philipp V. von Falkenstein, mit ihren Söhnen Philipp VIII., Ulrich IV., Werner III. (nachher Erzbischof von Trier) und Cuno V. am „Sontag nehst nach sent Bonifaciustag (6. Juni) 1378"

„Dem Eteln vnßen lieben Bruder vnd Oheyme, Philipps Herrn
„zu Falkenstein vnd zu Minczinberg vnd dem Eteln vnße lieben
„Nefen Ulriche Herrn zu Hennauwe vnd iren beyden Erben vnd

---

[7]) Urkunden.

[8]) Deßgleichen. — Privilegienbuch der Stadt Frankfurt. S. 166. — Lersner a. a. O. Thl. 2. S. 310 ff. 326. — Archiv für Hessische Geschichte. Bd. 1. S. 58. ff. — Kirchner Geschichte von Frankfurt. Thl. 1. S. 282.

[9]) Limburger Chronik.

„den Erbern wysen Luden Burgrmstrn dem Rade vnd der Stad „gemeynlichen zu Frankfurt vnd iren nachkommen, Königstein vnß „sloiz Burg vnd stad vnd den Dal darvnter, Burgmannen vnd „Lude, die darzu horin Cristen Burger vnd Juden, wie wir daz „her han bracht vnd hern kommen ist, bis vff diesen heitigen Dag, „Ez sy recht odir Gewonheit, mit allem dem daz zu dem egenan„ten Slozse Kungesteyn geheret, wie man daz nennen mag irsucht „vnd veirsucht, mit namen daz Sloiz Kungestein Burg vnd stad, „der Dal darvnter, Land Lude Dorffe vnd gerichte, Wiesen, Walde, „Fischerye, Eckern, Wingarten, Molen, Wildbanne, Zehende, Ding„hofe, Fastnachtshüner, Besteheubete, Cristgülte, Renten vnd Her„schaffte, Gewonheid vnd rechte, wie man die nennen mag, ihrsucht „vnd veirsucht nichts ausgenommen . . . . vmb siebentu„send Gulden guder cleyn swerer gewogener Gulden, als sie zu Frank„furt genge gebe vnd genehm sint auf Wiederkauf verkaufen" [10]).

---

[10]) Urkunde. — Die Beantwortung der Frage: Wie viel betragen nach unserm jetzigen Münzfuß siebentausend gut kleine schwere gewogene Gulden? ist nicht ohne Interesse, und ward im Jahr 1820 von dem verstorbenen Herrn Schöffen Cleynmann, bekanntlich einem gründlichen Kenner des Münzwesens, mit nachfolgendem gelöst.

Im Jahr 1252 sind zu Florenz, woselbst bis dahin nur silberne Münzen geprägt wurden, Gulden von Gold entstanden, welche, weil sie im Umfang kleiner als die silbernen Münzen gewesen, die Benennung der Cleynen Gulden erhielten.

Würtwein diplomat. Magunt. Tom. II pag. 186. — Diese Gulden sind aus ganz feinem Gold verfertigt gewesen und 64 Stück haben eine Mark gewogen. Sie erhielten auch bald die Namen von rheinischen Goldgulden oder rheinischen Gulden, weil die rheinischen Kurfürsten dergleichen besonders gern und vor andern ausprägen ließen. — Von Praun gründliche Nachricht vom deutschen Münzwesen ꝛc. Thl. 1. S. 45. 46. — Die Benennung: Cleyne Gulden, bezeichnet also Goldgulden.

Nun ist zwar im 2. Theil der von Lersnerschen Frankfurter Chronik S. 574 zu lesen:

„Anno 1388 sind die Florentzier noch im Brauch gewesen."

Allein es beurkundet doch Würdtwein loco cit. S. 151—153, daß die von Gerlach, Erzbischof von Mainz, in den Jahren 1354—1370 auszuprägen verordnete „Cleyne Gulden" nicht mehr ganz fein gewesen, und nur 23½ Ka-

Am 18. Juni 1378 errichtete der Herr von Hanau und die Stadt Frankfurt wegen Königstein einen Burgfrieden, zu dem sich, nach Ableben des Herrn Ulrich von Hanau, dessen Sohn Ulrich mittelst dem Burgfriedendocument angehefteter Urkunde (Transfixum) d. d. **feria sexta ante simonis et Jude Apost. 1381** verpflichtet. Des Falkensteiners wird in dem Burgfrieden nicht erwähnt.

Burglehen hatten damals in Königstein: Heinrich von Bernbach, Gerhard von Hestersheim, Edelknecht, acht Pfund Heller; Henne

---

rat fein gehalten haben. Diesem nach, und da die hierländische Münzgeschichte nur erst vom Jahr 1385 an von einer weitern Gehaltsverminderung neben Veränderung des Gewichts der Goldgulden spricht: so ist die Beschaffenheit der im Jahr 1378 im Gange gewesenen kleinen Gulden zu 64 Stück aus der rauhen Mark, des Gehalts von 23½ Karat fein gewesen zu sein, zu erachten. Es enthielten also 9088 solcher Gulden, eben so viel fein Gold als 9447 Stück der jetzigen gesetzmäßigen Ducaten. Die in Frage gestellten 7000 kleine Gulden, hatten hiernach den nämlichen innern Werth wie $7276\frac{518}{1000}$ Stück unserer dermaligen Ducaten; welche zu 5 fl. 24 kr. gerechnet 39,293 Gulden und 12 Kreuzer des 24 Gulden Fußes betragen.

Sollte hingegen die Reduction der vorbemerkten 7000 Goldgulden, nach deren tempore mutui in Silbergeld bestandenem äußern Werth, und diesen nach dem jetzigen Silber-Münzfuß berechnet, angenommen werden wollen, so ist deßhalb das hier weiter folgende zu bemerken. Bei Würdtwein l. c. S. 155 ist aus der von Hontheim gelieferten Trierer Münzchronik entnommen, angeführt:

„Anno 1379 haben Mentzer Gulden gangen, der VI syn weert gewest „eyner guten mark silbers legalis et puri."

Es haben also die 7000 Gulden so viel als 1166⅔ Mark solchen Silbers gegolten, und da die, nach von Praun l. c. Cap. III §. 5 für ganz fein zu erachtende 1166⅔ Mark Silber, zu 24 Gulden gerechnet, 28,000 betragen, so würden die fraglichen 7000 Goldgulden mit 28,000 Gulden des 24 Gulden Fußes reluirt werden müssen.

Die vorbemerkten Schätzungen differiren von einander um 11,293 Gulden und 12 Kreuzer, d. i. um circa 40⅓ pCt., als um so viel nach solchen seit dem 14. Jahrhundert das Gold gegen das Silber gesteigert erscheint. Bei der Zahlung von $7276\frac{518}{1000}$ Ducaten wird so viel Gold erstattet, als geliehen worden, und bei Entrichtung von 28,000 Gulden des 24 Gulden Fußes wird so viel Silber gegeben, als die Goldgulden zur Zeit, in welcher sie geliehen wurden, werth gewesen sind.

von Hanewisel zwei Mark Geldes; Anselm von Howisel zwei Mark Geldes; Henrich von Brenbach sieben Mark und Georg von Kungestein, acht Mark Geldes [11]).

Im Jahr 1378 laut Verschreibung d. d. sabbato ante Albani Martir. (19. Juni) wurde der Ritter Johann von Lynden gemeinschaftlichet Amtmann zu Königstein. Er verpflichtet sich dort zu halten „mit vier Hengsten vnd Perden, selb drit gewapent" dafür erhält er jährlich:

„Fünfzig Achtel Korn, zwei Fuder Wein, des Gewächses, als „zun Huse gehört, hundert Achtel Haber, hundert fünfzig Gulden, „fünfzig Hüner, häw zu vier Pferden, darzu die Buße vnd mög„liche Gefälle vnd Weinkaufe, die eym Amtman zu Königstein „zugehört" [12]).

Im Jahr 1381 und die folgenden Jahre war der Ritter Erwyn Löb von Steinfurt gemeinschaftlicher Amtmann daselbst und erhielt eine jährliche Besoldung von zweihundert fünfzig Gulden, und im Jahr 1384 bekleidete Dietrich Gieseler diese Stelle [13]). Auch war im Jahr 1383 ein gewisser Paulus als Castellan und Kellner zu Königstein angestellt, der wahrscheinlich die Einnahmen besorgte. Jeder Knecht daselbst erhielt zwölf Gulden Jahrlohn [14]).

In dem Kaufbrief war den Käufern ausdrücklich gestattet, die Summe von sechshundert Gulden in der Burg zu verbauen, und solche den Verkäufern bei dem Wiederverkaufe zu berechnen, und es wurden wirklich im Jahr 1378 daselbst an Thoren und Gebäuden Herstellungen vorgenommen [15]).

Am 5. Februar 1389 kündigte Philipp VIII. von Falkenstein den Rückkauf des Schlosses Königstein an [16]), der nach Ablauf der bedungenen

---

11) Urkunden.

12) Deßgleichen. — Lersner a. a. O. Thl. 2. S. 665.

13) Deßgleichen. — Lersner a. a. O. Thl. 1. S. 465.

14) Deßgleichen.

15) Deßgleichen.

16) In einem in dem Archive der freien Stadt Frankfurt aufbewahrten Copialbuch (Uglb. K. 81) steht über der Abschrift des Kaufbriefes des Schlosses Königstein folgendes bemerkt:

vierteljährigen Aufkündigungszeit stattfand. Königstein kam nun wieder in den Besitz der Falkensteiner, namentlich Philipps VIII., der seine beiden weltlichen Brüder Ulrich IV. und Cuno V. überlebt hatte, und im Jahr 1397 von Kaiser Wenzel in den Grafenstand erhoben und zu seinem Rath ernannt ward. Bei seinem im Jahr 1407 erfolgten kinderlosen Ableben gelangten seine Besitzungen, namentlich auch Königstein, an seinen ihn überlebenden Stammvetter und mütterlichen Oheim Philipp VII. von Falkenstein, als den einzigen noch übrigen weltlichen Sprößling des ganzen Stammes. Dieser, ebenfalls kinderlos und hochbejahrt, übertrug die Verwaltung sämmtlicher in seiner Hand vereinigten Falkensteinischen Lande und Besitzungen seinem Vetter Wernherr von Falkenstein, Erzbischof von Trier, auf den denn auch, nach dem im Jahr 1409 erfolgten Tod gedachten Philipps VII. das ganze Land erblich fiel [17]).

Mit ebengedachtem Werner III. von Falkenstein erlosch am 4. October 1418 das ganze Falkensteinische Geschlecht im Mannsstamm, und die Kinder seiner beiden Schwestern Agnes, Gemahlin des Grafen Otto von Solms, und Lutgard, vermählt an den Dynasten Eberhard von Eppstein, beerbten ihn. Gerhard I. von Sayn, mit dem Anna, Tochter vorgedachter Agnes verheirathet war, setzte sich zwar in den Besitz Königsteins; als aber sämmtliche Erben im Jahr 1419 abtheilten, erhielten Eberhard II. und Gottfried VIII. von Eppenstein (Söhne der oben bemerkten schon 1389 verstorbenen Luitgard das Schloß Königstein [18]), ohne daß ein Lehnverband desselben gegen Kaiser und Reich erwähnt ward. Letzterer wurde Stifter der Linie Eppstein-Königstein, und er und seine Nachkommen bewohnten das Schloß. Dessen Urenkel Eberhard IV. erhielt im Jahr 1505 von Kaiser Maximilian für sich und sein Haus den Titel: Grafen und Gräfinnen von Königstein und Eppstein. Die andere von Eber-

---

Quinta post purificationem Marie, purific. tertia feria insinuavit Domicellus Philippus de Falkenstein, ceterorum consilio redemtionem Castri Kungesteyn cum pertinentiis suis anno LXXXIX°

[17]) Eigenbrod im Archive l. c. S. 65.

[18]) Eigenbrod l. c. S. 71.

hard II. gestiftete Linie Eppstein-Münzenberg, erlosch 1522 mit Gottfried X., und deren Besitzungen fielen auf seine Vettern die Gebrüder Eberhard IV. und Georg Grafen zu Königstein, Herren zu Eppstein. Letzterer starb im Jahr 1527 unvermählt, ersterer aber 1538 kinderlos, und die Königstein-Eppsteinische Erbschaft ward eröffnet [19]). Schon unter dem 9. Mai 1521 hatten diese Brüder von Kaiser Carl V. ein Indult erweckt, vermöge dessen ein Sohn ihrer an Grafen Botho von Stollberg vermählten Schwester Anna auch die Reichslehen erben sollte, und der letztlebende Graf Eberhard IV. hatte in einem am 3. Juni 1527 errichteten und am 28. Juni 1528 kaiserlich bestätigten Testament seinen Neffen, den Grafen Ludwig von Stollberg, als Erben ernannt, und diesem seinen Bruder Philipp, und solchem den jüngsten Bruder Christoph substituirt. Graf Ludwig erbte hiernach sämmtliche Verlassenschaft, sowohl Eigen als Lehen, zu welchem letzteren das Schloß Königstein gehörte [20]). Derselbe und seines Stamms Genossen führten von da an den Titel: Grafen zu Stollberg und Königstein [21]).

Als Amtleute in Königstein kommen vor:

Im Jahr 1409 Wipperath Scholte von Steynbach;
" " 1411 Georg (Jürge) von Hattstein;
" " 1418 Wiprecht Scholte [22]);
" " 1453 Philipp von Hattstein;
" " 1491 Eberhard von Grünstein, Rentmeister;
" " 1492 Johann von Cronberg, Amtmann;
" " 1506—1510 Johann von Carsbach, Amtmann;
" " 1510 Philipp von Hattstein, Amtmann und Keller;
" " 1512 Ytel von Vilbel, Amtmann und Keller [23]).

Vorgedachter Graf Ludwig (ein besonderer Gönner des bekannten unruhigen, protestantischen Theologen Matthias Flaccius Illyricus,

---

19) Das. S. 507.
20) Deductio des Gräfl. Stollb. Erbrechts. Anlage Nr. 23 und 28.
21) Das. Anlage Nr. 20.
22) Urkunden.
23 Deßgleichen.

den er am 7. April und 11. October 1567 dem Rath in Frankfurt dringend empfahl [24]), starb am 24. August 1574, ohne Hinterlassung männlicher Erben. Dessen Tochtermänner, die Grafen von Löwenstein, Manderscheid und Eberstein, nahmen zwar Königstein in den Besitz, allein nach Jahresfrist räumten sie solches, gegen Ueberlassung des Mobiliarvermögens des Verstorbenen, dem ihm substituirten Testamentserben Grafen Christoph ein. Graf Philipp (der zuerst substituirte) war schon früher gestorben [25]).

Indessen hatte der Erzbischof Daniel von Mainz, aus dem Geschlecht der Brendel von Homburg, schon am 1. März 1575 sich eine Exspectanz auf die Königsteinischen Reichslehen von Kaiser Maximilian II. auf den Fall verschafft, daß Graf Christoph ohne männliche Nachkommen sterben sollte [26]). Als daher dieses am 8. August 1581 eintrat, und des Verstorbenen Bruder Graf Albert Georg, und seines verstorbenen Bruders Heinrich Söhne, Graf Ludwig Georg und Graf Christoph der jüngere, die sich zum Besuch des kranken Grafen in Königstein befanden, Besitz der Verlassenschaft, namentlich von Königstein, ergriffen [27]), so wurde deren Erbrecht an den Reichslehen in Abrede gestellt, weil nach dem Kaiserlichen Indult „aus derselben ihrer (der Grafen Eberhard und Georg) Schwester Kinder, eine Mannsperson genommen" werden solle, dies geschehen sei, und nach dessen Ableben ohne männliche Nachkommen, nicht auf weitere Seitenverwandte ausgedehnt werden könne [28]). Der Kurfürst von Mainz forderte nun schon drei Tage nach Graf Christoph's Tod, und ehe solcher noch beerdigt war, am 12. August und wiederholt am 15. August 1581 vermöge eines auf ihn am 3. August gedachten Jahres ausgestellten Kaiserlichen Commissoriums [29]), das ihm auftrug, das

---

[24]) Urkunden.

[25]) Summarische Vorstellung der gerechten Forderung des Hochgräflichen Hauses Stollberg auf die Grafschaft Königstein §. 16. S. 6.

[26]) Das. §. 17. S. 6. — Deductio l. c. Anlage 30. S. 59.

[27]) Summarische Vorstellung. §. 16. S. 6.

[28]) Exceptiones non competentis actionis in Klagsachen Stollberg ca. Mainz. Seite 6.

[29]) Das. Anlage 7. S. 18. Summarische Vorstellung. Anl. 13. S. 49.

Schloß Königstein und die Reichslehen einzunehmen und zu bewahren, deren Einräumung. Auf Weigerung der Grafen von Stollberg:

„Hat Se. Kurfürstliche Gnaden alsbald ettliche hundert Knecht „annehmen, etzliche Bürger zu Mainz auffordern, auch etzliche viel „Pferd neben den Knechten mit Trummeln und Pfeiffen, feindlicher weiße für das Haus geschicket, solches feindlichen anblasen, „dem Haus das Wasser abgraben, das Haus umbringet, grob Ge„schütze, Büchsen für das Haus bringen, alle Proviant und Zu„gänge abgeschnitten und nehmen lassen . . . . . Und dieweil „hochgedachter Kurfürst an mich begeret, daß ich seiner churfürst„lichen Gnaden Räthe nochmals auf dem Hause hören wollte, habe „ich solches geschehen lassen und sie gehört . . . Und obwohl „die Maintzischen, als ich sie auf dem Hauße gehöret, wiederumb „vom Haus gangen, seind sie doch mit aller feindlicher Handlung „fortgefahren, das Haus umbringet, belagert, darein geschossen, die „Weiber bedräwet, wo sie ihre Männer nicht von dem Haus for„dern würden, daß sie die Weiber aus Haus und Hof jagen, und „alles, was sie hätten, ihnen nehmen wollten, wie denn auch also „die Weiber mit Heulen und Weinen, vor das Haus kommen und „ihre Männer abgefordert“ [30]).

Da die in Königstein anwesenden Grafen auf eine Vertheidigung nicht gerüstet waren, so ward hierdurch die Uebergabe des Schlosses erzwungen, die mittelst Capitulation am 21. August 1581 erfolgte. Die Urkunden im Schloß wurden gemeinschaftlich verzeichnet und versiegelt, Geschütz und Munition blieben daselbst. Die Grafen verpflichten sich gegen das Erzstift Mainz und dessen Diener Nichts zu unternehmen, und Recht nur bei dem Kaiser zu suchen [31]). Graf Albert Georg verließ am 25. August 1581 das Schloß, um sich mit seinen Räthen zu benehmen und Veranstaltung zum Leichenbegängniß seines Bruders, dessen Leiche noch unbeerdigt in dem Schlosse stand, zu treffen. Die jungen Grafen Ludwig Georg und Christoph, nebst dem Gräflichen Amtmann und sonstigen Dienern, ohngefähr

[30]) Deductio. Anlage 117. S. 220 und Anlage 126. S. 244.
[31]) Exceptiones. Anlage 8. S. 20.

zwanzig Personen, blieben zur Erhaltung des Besitzes, auf Befehl des Grafen, in dem Schloß. Aber auch letztere wiesen die Mainzer mit Gewalt heraus, und die jungen Grafen, die nun allein waren, und Niemand der ihrigen mehr bei sich hatten, sahen sich somit genöthigt gleichfalls das Schloß zu verlassen. Mit welcher rohen Gewalt die Erzbischöflichen Beamten verfuhren, beweist, daß sie das Leichenbegängniß des verstorbenen Grafen aus dem Schlosse nicht gestatteten, sondern dessen Leiche in die Stadtkirche schafften. Auch das bewegliche Eigenthum des Grafen griffen sie an; sogar einen dem verstorbenen Grafen gehörigen Ochsen, den dessen Dienerschaft im Städtchen schlachteten, ließen sie, als er schon zur Hälfte abgezogen war, durch Hackenschützen wegnehmen [32]).

Schon am 27. October 1581 belieh Kaiser Rudolph II. den Erzbischof Daniel und das Erzstift Mainz mit dem Schloß Königstein und den übrigen Reichslehen, welche als dem Reich heimgefallen erklärt wurden [33]). Wie sehr die Erzbischöfe von Mainz ihre Stellung zur Vergrößerung ihrer Besitzungen benutzten, ergibt sich hieraus, so wie aus dem spätern Erwerb der Cronbergschen Verlassenschaft, und aus den Ansprüchen, welche sie an die Reifenbergsche Herrschaft machten, nachdem deren Besitzer von ihnen gefänglich eingezogen und als Gefangener in dem Schlosse Königstein gestorben war. Indessen alles in majorem Dei gloriam, wie die bald, nach Besitznahme des meist protestantischen Cronbergs entstandenen Religionsbedrückungen, und der Vorbehalt in der Königsteinischen Capitulation:

„Des Anfangs, dieweil in der Commission der Religion halben „keine Meldung beschehen, derselbig Punct an seinen Orth be„wend“ [34]),

beweisen.

---

[32]) Deductio. Anlage 117. S. 220 und Anlage 126. S. 244.

[33]) Exceptiones Anlage 9. S. 22.

[34]) Das. Anlage 8. S. 20. — Im Jahr 1603 führte der Kurfürst Johann Adam aus dem adligen Geschlecht von Bicken mit Gewalt die katholische Religion in Königstein ein, und ließ, nachdem er den evangelischen Prediger Namens Selnecker fortgejagt hatte, am 3. August in seiner Gegenwart die erste Messe lesen. Sein Nachfolger Johann Schweikard von Cronberg trieb

Die Grafen von Stollberg ließen nichts unversucht, um wieder zum Besitz der ihnen entzogenen Lande zu kommen. Sie führten an: Königstein sei Kunkellehen, wie sich schon aus der Münzenbergschen und Falkensteinschen Vererbung ergebe; zu dem beziehe sich der Kaiserliche ihnen ertheilte Indult nicht auf eine bestimmte Person, sondern auf alle männlichen Nachkommen der Gräfin Anna. Sie beschwerten sich noch besonders darüber, daß sich Mainz auch der Allodien und der Lehen bemächtigt habe, die anders woher, als von Kaiser und Reich rührten. Die Sache gelangte an den Reichstag und in einem Gutachten vom 26. August 1582 wurde der Austrag durch eine Commission in Vorschlag gebracht; dagegen Kaiserlicher Seits behauptet, die Sache gehöre nicht an den Reichstag, sondern an den Reichshofrath. Hierauf erkannte endlich Kaiser Rudolph am 17. Januar 1584 ein Commissorium auf den Landgrafen Wilhelm von Hessen und den Bischof Julius von Würzburg, um die Sache zu erledigen [35]). Aber solche erhielt keine Förderung. Endlich am 3. Februar 1590 kam ein Vergleich zu Stande, nach welchem die Grafen von Stollberg zu Gunsten des Erzstifts Mainz auf immer ihren Rechten an Burg und Stadt Königstein und an andere Orte und Gefälle entsagen, wohingegen sich das Erzstift zur Zahlung von dreimal hunderttausend Gulden verpflichtet [36]).

Als Graf Christoph der jüngere, (geboren am 6. Dec. 1567) welcher, als er den berührten Vortrag unterzeichnete, noch minderjährig war, volljährig ward, verlangte er dagegen Restitution und belangte noch im Jahr 1616 Kur-Mainz bei dem Herzog von Würtemberg, als erwähltem Austrägal-Richter, auf Herausgabe der großmütterlichen Verlassenschaft [37]). Indessen erhielt die Sache auch hier keinen Fortgang, den noch mehr der eingefallene dreißigjährige Krieg hinderte. In diesem Krieg eroberten am 24. December 1631 die

---

gleiches, namentlich auch in Oberursel und andern Königsteinischen Orten. — Merian Topographie von Hessen. S. 24.

[35]) Exceptiones. Anlage Nr. 11. S. 27. — Summarische Vorstellung. S. 8. seq.

[36]) Exceptiones. Anlage Nr. 12. S. 29.

[37]) Summarische Vorstellung, §. 31. S. 11.

Hessen Königstein, das von den Kaiserlichen besetzt war, mit Accord, und der Schweden König Gustav Adolph stellte solches mit dem Land den Grafen von Stollberg wieder zu. Der Besitz dauerte jedoch nur bis zum Jahr 1635. In diesem Jahr ließ sich Graf Heinrich Volrath mit dem Kaiserlichen Obersten Kehraus in Unterhandlungen ein, vermöge deren der Graf Königstein durch eigenes Volk besetzt halten und in keine fremde Hände kommen lassen sollte [38]). Der Graf hierdurch sicher gemacht, folgte dem Ersuchen des Kaiserlichen Generals Marquis de Grana sich zu ihm in sein Lager vor Frankfurt zu begeben, um sich über einige Gegenstände mit ihm zu unterreden. Aber des Versprechens völliger Sicherheit ohnerachtet, ließ de Grana den Grafen gefangen nehmen und behielt ihn so lange in Haft, bis er am 8. September 1635 Königstein den Kaiserlichen übergab [39]). Am 3. December dieses Jahres gab der Kaiser dem General Lieutenant Gallas den Befehl, solches an Kur-Mainz zurückzugeben [40]). Im Jahr 1640 überfielen die Soldaten des Herzogs Bernhard von Weimar das Städtchen und führten alles Vieh und viele Beute weg [41]).

Diese Ereignisse gaben den Grafen von Stollberg in der Mitte des siebenzehnten Jahrhunderts erneuerte Veranlassung die Gültigkeit des im Jahr 1590 abgeschlossenen Vergleichs anzufechten. Die Gründe suchten sie wiederholt in der Minderjährigkeit eines der Contrahenten und in der Verletzung, indem sie den Werth der ihnen entzogenen Lande und Gefälle auf Eine Million sechsmalhundert sieben und zwanzig tausend Gulden berechneten, endlich in der nicht vollständig geleisteten Zahlung der bedungenen Vergleichssumme von dreimalhunderttausend Gulden [42]). Die Sache gelangte abermals an Kaiser und Reich, fand aber keine Erledigung. Weitläufige von beiden Seiten

---

38) Merian Topographie von Mainz. S. 24.

39) Summarische Vorstellung. §. 32. S. 11.

40) Exceptiones. S. 15 und Anlage Nr. 21. S. 62.

41) Merian l. c. S. 24.

42) Häberlin neueste deutsche Reichsgeschichte. Bd. 9. S. 275. Bd. 11. S. 489. Bd. 12. S. 247. Bd. 15. S. 517. — Lünig Reichsarchiv. Thl. 16. S. 146. — Vorangezogene Staatsschriften.

im Druck erschienene Staatsschriften führten die Sache, die noch in der ersten Hälfte des achtzehnten Jahrhunderts betrieben wurden, eben so wenig zum Ende, und Kur-Mainz blieb bis zum Erlöschen des Kurstaates im Besitz von Königstein. Dasselbe verwahrte dort seine Staatsgefangenen, und durch ein sonderbares Spiel des Schicksals beschloß der letzte Besitzer des Schlosses Reifenberg aus dem Reifenbergischen Mannsstamm, ein Nachkomme jener Reifenberger, die im Jahr 1374 Königstein erstiegen und den Besitzer mit seinen Söhnen gefangen weggeführt hatten, der Domherr Philipp Ludwig von Reifenberg, in eben diesem Königstein am 23. März 1686 sein Leben in strenger Haft [43]).

In dem Kriege mit König Ludwig XIV. von Frankreich eroberten die Hessen am 24. Novbr. 1688 Königstein [44]), und im Oestreichischen Erbfolge-Krieg besetzten es im Jahr 1745 die Franzosen unter dem Marschall von Maillebois. Verheerend zog der französische Revolutions-Krieg über Königstein. Am 28. October 1792 ergab es sich den Franzosen unter dem General Custine, und ward hierauf, nach der am 2. December statt gehabten Eroberung Frankfurts, von den Preußen, unter dem Befehl des General-Major von Pfau berennt. Vergeblich ward die Festung am 6. December von Nachts zwei Uhr bis Morgens um acht Uhr, und am 8. December das Städtchen selbst beschossen, sodann vier Monate lang blockirt. Der französische Capitän Meunier, dem das Lob eines tapfern und gegen die Bewohner Königsteins wohlwollenden Mannes gebührt, vertheidigte mit vierhundert Mann und dreizehn Stück Geschützen die Festung auf das hartnäckigste, und ergab sich, durch Hunger genöthigt, erst am 7. März 1793 kriegsgefangen. Das Geschütz der Belagerer, das hauptsächlich an der Falkensteiner Höhe aufgestellt war, hatte zwecklos einen großen Theil des Städtchens zerstört, der Festung wenig geschadet.

---

[43]) Beurkundete Nachrichten, die Herrschaft Reifenberg und das Stockheimer Gericht 2c. 1776. Fol. §. 40. S. 47. — Darstellung des wahren Thatbestandes zur gründlichen Beurtheilung der von den Reifenbergischen Prätendenten erhobenen Ansprüche. 1824. Octav. S. 252.

[44]) Beck neuere Kriegsgeschichte der Hessen. Marburg 1790. S. 41.

Nachdem in diesem Jahr auch Mainz wieder von den Deutschen erobert ward, wurden die Mainzer Einwohner, so sich den Franzosen und den Grundsätzen der französischen Jacobiner angeschlossen, und einen Freiheits-Clubb errichtet hatten — die sogenannten Mainzer Clubbisten — nach Königstein in gefängliche Haft gebracht. Abermals drangen die Franzosen im Jahr 1796 in diese Gegend vor, und nach einer Vertheidigung von wenigen Tagen übergaben es die Oestreicher, welche es unter Befehl des Major von Wangard mit sechshundert Mann besetzt hielten, am 22. Juli gedachten Jahres dem französischen General Marceau [45]). Indessen drängten die Oestreicher die Franzosen, welche bis nach Amberg vorgerückt waren, gegen den Rhein zurück. Da wurde die ungesäumte Zerstörung der Festung Königstein beschlossen und alsbald ins Werk gesetzt. Schon in den letzten Tagen desselben Monats verließ die Besatzung solche, nachdem mehreres geschleift, und die unter der Festung herziehende lange Kasematte theilweis mit Erde verschüttet war. Nur ein Commando blieb zurück, um die Sprengung der Festung zu vollenden und sodann vereint mit der in dem Städtchen unter den Waffen stehenden übrigen Mannschaft abzuziehen. In der Absicht den ganzen Felsen zu sprengen, wurden Fässer mit Pulver in die im innern Hof befindliche Zisterne gebracht, und diese mit Steinen bedeckt. Ehe die Arbeit beendigt war, entzündete sich die Ladung. Ein dumpfer Donner erschütterte die Gegend, und eine Rauchwolke, in der Trümmer und Menschengebeine umherflogen, verhüllte die schreckliche Scene der Verwüstung und des Todes von neun und zwanzig Menschen. An verschiedenen Stellen sind noch jetzt zum Zweck des Sprengens in die Mauer gebrochene Oeffnungen sichtbar [46]).

---

[45]) L'univers pittoresque. France. Dictionnaire encyclopédique, tom. IX. Paris 1843. pag. 806. — Nach französischen Berichten fand Marceau 71 Kanonen, 5000 Flinten und viele Lebensmittel daselbst vor. Daß diese Angabe unwahr ist, leuchtet ein, wenn man bedenkt, daß die Festung nur mit dreizehn Kanonen bewaffnet war, und eine Zahl wie die der angegebenen Waffen um so zuversichtlicher nicht in Königstein aufbewahrt wurde, da Mainz der Hauptwaffenplatz des Kurstaats Mainz war.

[46]) Nach Versicherung von Augenzeugen. — Kirchner, Ansichten von Frankfurt. Thl. 2. S. 177.

Im Jahr 1819 schlug der Blitz in den Thurm, dessen bis dahin wohl erhaltenes Dach abbrannte. Zeit und Menschen zerstörten allmählig noch vieles, und warfen dieses ehemals so feste Bergschloß beinahe in unkenntliche Trümmer. Auch das reichhaltige und für die Gegend wichtige Archiv ging bei den vielen Besitzveränderungen und der gewaltsamen Zerstörung des Schlosses gänzlich zu Grunde.

Der Reichsdeputationshauptschluß vom 25. Februar 1803 wies die Stadt und die Trümmer des Schlosses Königstein dem Hause Nassau zu, dem es jetzt gehört.

Unverkennbar ist in den Ruinen der Baustyl verschiedener Jahrhunderte. Daß die erste Gründung auf der äußersten Spitze des Berges stattfand, ist außer Zweifel; doch mag sich außer den Grundmauern weniges aus jener Zeit erhalten haben. Wahrscheinlich reichte der viereckige hohe Thurm, der vor ohngefähr hundert Jahren erhöht worden sein soll, in ältere Zeit, eben so die jetzt gänzlich zerstörte Küche, deren Kreuzgewölbe auf kurzen dicken Säulen mit roh gearbeiteten Capitälen ruhte. Die protestantische Capelle in gothischem Styl gehörte vielleicht späterer Zeit an. Zwei Basreliefs, deren das eine einen geharnischten Mann mit einem Römer Glas in der einen und einem runden Hut mit einer Feder in der andern Hand, das andere eine Frau mit einer Gans unter dem Arm und einer Kötze mit drei Stück Federvieh auf dem Rücken, vorstellen, beide in halber Lebensgröße, standen gegen einander, über einem zum Thurm und in mehrere Gemächer führenden Gang; sie scheinen aus dem fünfzehnten Jahrhundert und befinden sich gegenwärtig in dem am Eingang der Festung gelegenen Dörrschen Garten aufgestellt. Die Ruine des über der Küche befindlichen, nach Osten schauenden Hauptgebäudes trägt den Styl der ersten Hälfte des achtzehnten Jahrhunderts. Einen aus der Küche durch den Felsen getriebenen Durchgang brachen im Jahr 1796 die Oestreicher, um hierdurch Geschütz auf den über dem mittlern Eingangsthor befindlichen Platz zu bringen, wohin vorher eine hölzerne Brücke von dem Platz vor der Commandanten-Wohnung aus führte. In dem Vorhof, wo sich Eingänge in Kasematten und Gewölbe befinden, ist nichts, was besondere Aufmerksamkeit erregt. Ein runder niederer, auf der Ecke gegen Nordwesten stehender, überall geborstener, auf Felsen und Gewölben ruhender Thurm diente zur Aufbewahrung

6*

des Pulvers. Eine Felsenkette zieht sich von hier aus wild hinab in das Thal. Bemerkenswerth ist ein großer Theil der Mauer, auf der die Gebäude der innern Burg, der Thurm und die Ruine der Kirche ruhen. Die Steine liegen nämlich nicht flach auf einander, sondern sorgfältig schräg — ährenförmig — gestellt, so daß eine Lage sich rechts, die andere links neigt, eine Bauart, die in der ältesten Zeit und in dem elften Jahrhundert gebräuchlich war. Das mittlere langgewölbte Festungsthor gehört verschiedenen Zeiten an. Die innere Hälfte rührt aus der Zeit vor dem Erlöschen der Falkensteiner, also vor 1419 her. Den Beweis liefert das zwerchgetheilte Schild, das in dem mitten im Thor befindlichen, aus Quadersteinen gesprengten Bogen, im Schlußstein sich eingehauen befindet, ein Wappen, dessen sich die Falkensteiner, neben ihrem Stammwappen, dem Bolandischen Rad, wahrscheinlich darum bedienten, weil mit dem Münzenbergischen Erbe, die Nüringschen Güter auf sie gefallen waren, deren Dynasten jenen Schild im Wappen geführt hatten [47]). Die Annahme, daß dieses Thorgewölbe bis zu den Nüringen selbst, also bis vor 1174 hinaufreichte, scheint zu gewagt, da es wohl der spätern Befestigungsart angehört. Der andere Theil, so wie ein Theil der das Thor schützenden starken halbrunden, hochaufgemauerten und kasemattirten Bastion, offenbar angebaut, ist wahrscheinlich aus späterer Zeit. Das dermalige äußere Thor trägt das Wappen eines Erzbischofs von Mainz aus dem Gräflichen Hause Schönborn. Auf dessen innerer Seite befand sich die jetzt nicht mehr vorhandene Jahrzahl 1664 angebracht. Es ward hiernach unter der Regierung des Kurfürsten Johann Philipp von Schönborn, der von 1647 bis 1673 den Erzbischöflich Mainzischen Stuhl besaß, wahrscheinlich an die Stelle eines ältern errichtet. Das folgende jetzt spurlos verschwundene Thor war mit der Jahrzahl 1558 bezeichnet, somit während des Stollbergischen Besitzes errichtet oder hergestellt. Noch sah man vor einigen Jahren hoch an einer Mauer zwischen dem ersten und mittleren Thor, das in Stein gehauene Stollbergische Wappen angebracht. Inschriften oder sonstige Merkmale sind nicht vorhanden.

---

[47]) Archiv für Hessische Geschichte und Alterthumskunde. Bd. IV. Nr. III. Bd. V.

So war allmälig, im Lauf von mehr als sieben Jahrhunderten, aus einem bürgerlichen Bau eine starke Bergfestung entstanden, die ihren wechselnden Bewohnern lange Schutz und Sicherheit gewährend, endlich gewaltsamer Zerstörung und der vernichtenden Zeit erlag, aber selbst noch in Trümmern ein Bild von Größe und Stärke bewahrt.

Sämmtliche angezogene Urkunden und selbst die in Lersners Chronik angeführten, befinden sich im Archive der freien Stadt Frankfurt und haben dem Verfasser vorgelegen.

Abbildungen von Königstein.

1. In Merians Topographie von der Ostseite.
2. Eine verkleinerte Copie gleichfalls in Merians Verlag.
3. Eine Copie von Berndt zu Frankfurt erschienen im Jahr 1792.
4. In Dilichs Hessischer Chronik von der Westseite. — Diese Ansichten stellen das Schloß in vollkommen erhaltenem Zustand dar;

   als Ruine:
5. Eine Ansicht von der Ostseite von Kraus radirt und colorirt in Prestels Verlag in Frankfurt. Folio.
6. In Morgensterns malerischer Wanderung 1803, befinden sich mehrere von ihm radirte Ansichten, unter andern der jetzt beinahe gänzlich zerstörten Küche und der beiden oben beschriebenen Basreliefs.
7. Eine malerisch behandelte Ansicht in Aqua tinta von der westlichen Seite, die zwischen einer Baumgruppe im Vorgrund herabschaut. Das mir vorliegende Exemplar ist vor aller Schrift.
8. Kirchners Ansichten von Frankfurt enthalten eine Fernansicht von Königstein, nach Radl von Jury gestochen, von welcher auch eine Copie von Grape vorhanden ist.
9. Außer diesen Abbildungen gibt es noch mehrere neuere.
10. Ein geometrischer Grundriß der Festung Königstein in drei Blättern von Thomas, 1796 gezeichnet, befindet sich im Frankfurter Archive.
11. u. 12. Zwei Stahlstiche in Octav und Duodez in Langes Verlag in Darmstadt.

VI.

Eppstein.

Dort, wo das alternde Gemäuer,
Des Sturmes satt, dem Falle nah',
Des Dichters Lied, des Krieges Feuer,
Der Liebe Seufzer schlummern da.

Walther Scott.

Eppstein.

Unfern des Herzoglich Nassauschen Städtchens Hofheim, dessen Capelle hoch von einem bewaldeten Bergrücken nach Süden in das Mainthal und blühende Fluren herabschaut, öffnet sich ein romantisches von der Schwarzbach [1]) durchflossenes Thal, in dessen Schooße das Dörfchen Lorsbach ruht. Eine Stunde weiter aufwärts gelangt man zu einer Mühle; dicht neben derselben führt der Weg an einem hohen überhängenden Felsen vorüber, und das Städtchen Eppstein erscheint linker Hand, überragt von den Ruinen der auf Felsen gegründeten Burg, und zieht sich an das linke Ufer des Baches in das Thal. Eine im Jahr 1849 neu erbaute steinerne Brücke führt über den Bach, und das gastliche Haus der Oelmühle empfängt uns. Vier romantische Thäler, das Fockenhäuser, das Fischbacher, das Lorsbacher und das Brenn-Thal stoßen hier zusammen, in das die Berghäupter des Rosserts und des Staufen herabschauen [2]). Ein tief in den Felsen gehauener Graben trennt die Burg von dem Bergrücken, auf dem das Schloß, überall von höhern Bergen überragt, erbaut ist. In älteren Zeiten ward es noch durch den, mittelst Dämme, angeschwellten Bach, der einen See bildete, geschützt. Die schönste

---

[1]) Auch Kriftel und Guldenbach genannt.

[2]) Die Hofheimer Capelle steht hoch 875 Fuß; der Rossert ist hoch 1566 Fuß; der Staufen ist hoch 1284 Fuß Franz. Maaß.

Ansicht der Umgebung bietet sich dar, wenn man am rechten Ufer des Bachs einen Pfad verfolgt, der aufwärts zu einer Höhe (der jähe Berg genannt) führt, an deren Fuß, von diesem nur durch den Bach (hier auf kurze Strecke den Namen Heimbach führend) getrennt, Eppstein ruht, und wo bei höherem Ersteigen durch die Schlucht des Fischbacher Thals die Ruinen Königsteins und Falkensteins, zwei Stunden entfernt, hervorragen. Zwei Wege, der eine östlich, der andere westlich führen über Brücken und zwischen Mauern und Thürmen durch Thore aufwärts zum einzigen Eingang in die innere Burg. Noch bei Menschengedenken vollkommen erhalten, erlag der westliche Theil mit dem Thurm der Zerstörung durch Abbruch, der östliche Theil mit der katholischen Kirche ist noch jetzt in baulichem Stand. Hoch überragt westlich die Trümmer der hohe runde, jetzt dachlose Thurm.

Ungewiß, wie der Ursprung des Eppsteinischen Geschlechts, ist auch die Zeit der Erbauung der Burg. Einer Sage zufolge war der Bau derselben bereits auf dem Walderstein bei Lorsbach, wo noch Spuren vorhanden sein sollen, begonnen, nachher aber an die dermalige Stelle verlegt worden. Sie stand schon im Anfang des zwölften Jahrhunderts. Ein altes, aber unverbürgtes Verzeichniß [3]) enthält, daß zur Zeit des Erzbischofs Adelbert von Mainz — also zwischen 1111 und 1137 — ein Graf Udalorich dem Erzstift die Schlösser Etichenstein [4]) und Eppstein geschenkt habe. Gewiß aber ist, daß im Jahr 1122 ein Udalrich lebte, der sich sowohl von Etichenstein als Eppstein nannte. Wahrscheinlich hatte er nur Antheil an diesen Schlössern, die weiter in Verbindung mit einander nicht mehr vorkommen. Vielleicht fanden die Theilhaber sich durch gegenseitige Abtretung von Güterstücken mit einander ab, und verschafften sich das alleinige Eigenthum eines Schlosses [5]). Die Eppsteiner besaßen solches als Lehen, und zwar war die eine, rechts des Eingangs

---

[3]) Gud. cod. dipl. I. S. 397. 398.

[4]) Idstein.

[5]) Archiv für Hessische Geschichte. Bd. 1. S. 500. — Historische Abhandlungen von Wenk. 1. Stück S. 59. — Guden. cod. dipl. 1. pag. 397.

gelegene Hälfte, bis in die neueste Zeit Reichslehen, die andere Hälfte aber, welche Kaiser Heinrich V. im Jahr 1124 als Allodium an Mainz geschenkt hatte, rührte als Lehen von diesem Erzstift her [6]). Außer dem Schloß gehörten zu diesem Lehen, das Städtchen und Thal Eppstein (welchem König Ludwig IV. der Baier, am 30. November 1318 Stadtrechte verlieh) mit der Gemarkung, und die Gerichtsbarkeit in dem Gericht Heufels, das ehemals zwischen Eppstein und Niederjosbach auf freiem Feld, nachher aber in Eppstein gehegt ward [7]). Die Herrschaft Eppstein selbst war Allodium.

Mit Zuverlässigkeit kann man erst Gottfried I. (seit 1173 urkundlich bekannt) an die Spitze der Eppsteinischen Stammtafel stellen. Er erkaufte im Jahr 1192 von seinem Verwandten, Heinrich von Hanau, dessen Antheil an dem Schloß Eppstein, um die Besitzungen seiner Voreltern wieder zusammen zu bringen. Auf welche Weise der Hanauer in diesen Besitz gekommen, ist unermittelt [8]).

Als Burgmänner, denen die Vertheidigung der Burg oblag, erscheinen damals: Wigand von Askeburne, Dudo von Birghestatt, Fridrich von Dillunghe, Ludwig von Hoenberg und Dieterich von Steden. Im Jahr 1272 war Heinrich von Halbir, sodann im Jahr 1339 Johann von Birkelar Truchseß der Herrschaft Eppstein [9]), und im Jahr 1420 bekleidete Wigand von Buches die Stelle eines Amtmanns in Eppstein.

Gottfried I. und seine Nachkommen bewohnten die Burg Eppstein bis zum Jahr 1522. Bekanntlich war es ein angesehenes Dynasten-Geschlecht, das dem Erzstift Mainz fünf Erzbischöfe, und Jerusalem einen Patriarchen gab. Ausgebreitete Besitzungen unterstützten dies Ansehen. Die Herrschaften Eppstein, Dietz, Königstein, Hom-

---

[6]) Guden. cod. dipl. 1. S. 63.

[7]) Wenk diplomatische Nachrichten von den ausgestorbenen Dynasten von Eppstein. S. 134. — Joannis spic. 357.

[8]) Archiv für Hessische Geschichte l. c. — Wenk historische Abhandlungen. Frankfurt 1778. 1. S. 69 u. 134. — Sollten vielleicht die Dynasten von Eppstein und Hanau einerlei Abstammung haben und eines Geschlechts seyn, wie gleiches Wappen vermuthen läßt?

[9]) Vogel Nassauisches Taschenbuch für 1832. S. 172.

burg, Breuberg, Breubach, Steinheim, Ziegenberg und andere gehörten ihnen [10]). Das Reichsgesetz der goldenen Bulle machte es den Eppsteinern zur Pflicht, den Kurfürsten von Trier auf seiner Reise zur Kaiserkrönung nach Frankfurt zu geleiten, und die Hülfe Gottfrieds VII. von Eppstein gegen Günther von Schwarzburg erkaufte Carl IV. am ersten Montag vor sanct Bernaciustag 1349 für viertausend Pfund Heller, die jener dadurch bethätigte, daß er in dieses Auftrag Falkenstein verbrannte. Im Schloß Eppstein hatten die Eppsteiner das Münzrecht, dessen Privileg Kaiser Carl IV. „am nehsten Dinstag vor sent Walpurgisdag 1355" dem Herr Gottfried von Eppstein erneuert, da das ältere bei einem Brandunglück, das wahrscheinlich um diese Zeit die Burg betroffen hatte, zu Grund gegangen war [11]).

Wechselnde Schicksale, insofern solche nicht den Neubau veralteter Gebäude oder deren Herstellung betrafen, waren der Burg wohl nicht viele beschieden. Sie theilte die Schicksale ihrer Herren, und auch an ihr zogen die Ereignisse der eisernen Zeit der Befehdungen, wie an andern Burgen, vorüber. Nur wenig specielles zeichnet die Geschichte auf. Eberhard I., der gemeinschaftlich mit seinem Bruder Gottfried VII. im Jahr 1347 zur Regierung kam und, nach des letztern Tod, im Jahr 1357 bis 1391 allein die Eppsteinischen Lande be-

---

[10]) Es waren: 1) Sifried I. von 1059—1084; 2) Sifried II. der als Verwalter des Bisthums Worms 1201 diese Würde erlangte, 1215 Friedrich II. zum deutschen Könige in Aachen salbte, dann einen Kreuzzug in das heilige Land machte, von den orientalischen Christen zum Patriarchen in Jerusalem ernannt ward und 1230 starb; 3) Sifried III. von 1231—1305; 4) Werner von 1259 an. Er beförderte die Wahl Rudolfs von Habsburg zum Kaiser und starb 1284; 5) Gerhard von 1288—1305. Ein herrschsüchtiger, listiger Mann, der sich rühmte, daß er die Kaiser aus seiner Tasche hole, wie er denn auch 1292 seinen Vetter Adolph von Nassau durch Ränke auf den Kaiserthron erhob, und ebenso 1298 stürzte. — Kirchner Geschichte von Frankfurt. Bd. 1. S. 145. — Geisel, die Schlacht am Hasenbühel und das Königskreuz zu Göllheim. Speier 1835.

[11]) Beschreibung der Hanau-Münzenbergischen Lande 1720. Anhang, Urkunde Litt. D. — Archiv für Hessische Geschichte. Bd. 1. S. 523. — Lersner Frankfurter Chronik. Thl. 1. S. 77. — Senkenberg selecta Bd. II. S. 640.

saß, wahrscheinlich auch seine Gemahlin Agnes, geborne Gräfin von Nassau, waren gefangen. In welcher Fehde und von wem? und die genaue Zeit ist nicht ermittelt. Die Auslösungssumme, deren Betrag gleichfalls unbekannt ist, entlehnten sie bei der Stadt Frankfurt und räumten dieser dagegen das Schloß und die Burg Eppstein, Dörfer, Land und Leute zum unterpfändlichen Besitz ein. Frankfurt stellte am 9. September 1368 gedachtem Eberhard und seiner Gemahlin Agnes das Unterpfand wieder zurück, nach dem diese bereits am 24. Mai 1368 der Stadt Frankfurt ihre Schlösser Eppstein, Breuberg, Orthenberg, Steynheim, Schotten, Brainbach, Hohenberg und Cleeberg gegen jährlich auf Martini zu zahlende hundert kleine schwer gewogene Gulden geöffnet hatten [12]). Beide Ehegatten scheinen übrigens nicht im besten Vernehmen gestanden zu haben [13]). Deren Söhne Gottfried VIII. und Eberhard II. waren in langwierige Streitigkeiten mit dem Grafen Adolph von Nassau verwickelt, die unter Vermittlung des Grafen Philipp von Nassau-Saarbrücken, des Grafen Aylf von Nassau-Dietz, Reinhards, Herrn zu Westerburg und Philipps von Falkenstein, „auf nesten Mitwochen nach dem heiligen Pfingsttage 1404" verglichen wurden [14]), sich jedoch schon im Jahr 1416 heftig erneuerten. Gegenseitige Ansprüche hinsichtlich verschiedener Hoheits-, Eigenthums- und Lehnrechte waren die Veranlassung. Graf Adolph beschuldigte die Eppsteiner in einem am 13. Juli 1416 nach Frankfurt erlassenen Schreiben der Absicht Wiesbaden zu verbrennen und in der Verwirrung den Grafen zu ermorden. Er sagt ferner in einer verbreiteten Beschwerdeschrift, welche die Eppsteiner am 30. November 1417 nach Frankfurt mittheilen, und als unwahr bezeichnen:

„In den Dingen als obgenannter Gottfried von Eppstein vnße „Manne vnd vns verbundliche waz vnd vnße arme Lüde gefangen

---

[12]) Urkunde im Archive der freien Stadt Frankfurt. Hundert kleine schwere gewogene Gulden sind nach heutigem Geld etwas mehr als hundert Ducaten. — Im Archive für Hessische Geschichte. Bd. 4 Nr. IV ist die Urkunde abgedruckt.

[13]) Archiv für Hessische Geschichte. Bd. 1. S. 526.

[14]) Senkenberg selecta. Bd. II. S. 324.

„vnß edellüde darnach deit geschlagen vnd dartzu vnderstanden dye „Vnße zu fahen und zu döden 2c.“

Erzbischof Johann von Mainz (ein geborner Graf von Nassau) war bis dahin mit den Eppsteinern verbündet; in dieser Fehde wendete er sich jedoch auf des Grafen von Nassau Seite. Am 11. November 1417 schrieb Eberhard von Eppstein an den Rath in Frankfurt:

. . . Wir lazen vch wissen, daz vnße Her von Mentze vnßers „Bruder vnd vnser Land in das sibente odder achte Jare itzund „inne gehabt hart ungeverlich vff schuwunge vnd schirmunge, vnd „hat eme vnd den syne dy vnßern auch gewart zu yme Geboden „nach ir vermögede, als ander sine Armlude das hait er vns „vnßer Land off den neesten Mantag nach sente Martinstag zu der „zweiten Stunde nachmittage vngeverlich in syme offen Brief vff-„gesaget. Vnd darnach wol vbir zwoe stunde, so wart sin Vetter „Adolf Grave zu Nassauwe vnß Viend vnd raubt vns darnach des „Abendis, vnd off den Dinstag des morgens früwe darnach, so „über zoge er vnße Bruder vnd vns vnd brant vnd brantschazt die „vnße hendeclichen zu verdirplichem schaden, doch alles vnverscholt-„licher vnd in den Dingen, als vnß Bruder vnd wir eme Ere „vnd rechtis odder glichs ny vßganzen sin 2c.“

Graf Adolph verbrannte die Dörfer Delkelnheim, Breckenheim, Oberweilbach, Niederweilbach und die Höfe Mechtelnshausen und Harpach. Die Eppsteiner vergalten es reichlich; sie verbrannten alle Orte um Wiesbaden, Kale, Mosbach, Schirstein, Bibrich, Neurade, Kloppheim, Erbenheim, Niederhaus, Michelbach, Breidhard, Strintz und andere. Des Erzbischofs von Mainz Söldner berannten hierauf auf Peterstag 1418 Eppstein selbst und jagten die Knechte der Eppsteiner, die sich in die außerhalb Eppsteins gelegene (längst zerstörte) Kirche des heiligen Antonius flüchteten. Die Mainzischen wurden jedoch abgetrieben, ihrer ein Theil gefangen und mehrere reisige Habe erbeutet [15]). Unter Vermittlung des Erzbischofs Werner von Trier, aus dem Falkensteinischen Geschlecht, und des Pfalzgrafen Ludwig

[15]) Urkunden im Archive der freien Stadt Frankfurt.

bei Rhein, Herzogs in Baiern, ward die Sache am Samstag nach St. Jacobstag der heiligen zwölf Boten 1418 verglichen [16]).

Gottfried VIII. und Eberhard II. Gebrüder von Eppenstein theilten im Jahr 1433 ihre bis dahin gemeinschaftlich verwalteten Besitzungen; Gottfried VIII. erhielt unter andern das Schloß Eppstein, und ward Stifter der Linie Eppstein-Münzenberg. Eberhard bekam Königstein (welches nach dem am 4. Oktober 1418 erfolgten Tod des Erzbischofs von Trier, Werner von Falkenstein, auf dessen Schwesterkinder, die Gebrüder von Eppstein, gefallen war) und stiftete die Linie Eppenstein-Königstein [17]).

Daß die Eppensteiner öfters in Fehden verwickelt waren, und daß ihre Schlösser und Besitzungen vielfach bedroht wurden, lag in dem Charakter des Mittelalters. Am 27. October 1451 bat Gottfried IX. Herr zu Eppstein den Rath in Frankfurt, ihm dessen Diener und Söldner zu leihen, um Eppenstein gegen Feindes-Gewalt — wer der Feind war, wird nicht gesagt — zu schützen. Eben so bat im Januar 1462 Emmerich Rüdel, Eppensteinischer Keller in Hönberg, um einen Büchsenschützen zu gleichem Zweck und wiederholte wenige Tage darauf dieses Gesuch um einen Büchsenmeister, etliche Büchsen und Gezug, um sechs Handbüchsen, eine Schrotbüchse und eine Vogelerbüchse. Auch am 9. Decbr. 1477 wurden zehen Hackenbüchsen und ein halber Zentner Pulver zu leihen versucht, weil Gottfried von Eppenstein, Herr zu Münzenberg, Fehde mit Graf Otto von Solms habe, der eine Forderung von 26000 fl. an ihn, aus einer Verschreibung seines Vaters, mache, während dieser doch das Geld nicht erhalten habe [18]). Ein charakteristisches Zeichen der Zeit ist es, daß auch das Gesinde des Eppensteiners, der Koch mit seinen Küchenjungen, Viehmägde und Schüsselmägde, Wäscherinnen, Holzträger u. s. w. dem Grafen Otto in einem Fehdebrief förmlich absagen. Sie schreiben nämlich an denselben:

„Wysset Wolgebore Jungher Jungher Ott, Grave zu Solms, daz „ich Heenz Koche, mit mynen Kochenknaben, Fehemeden, vnd allen

---

[16]) Senkenberg selecta Bd. II. S. 328. 333.

[17]) Archiv für Hessische Geschichte. Bd. 1. S. 529.

[18]) Urkunden im Archive der freien Stadt Frankfurt.

„mynen Brot Gesynne, nemlich Clesgin vnd Henchin, Kochenknaben, „vnd Elßgin vnd Lukel, Vehemeden, mit vnßern Helffern, es syen „Mezeler, Holzdreyer oder Schosseln-Wescherssen, uwer des Vwern, „vwer Lande, Lüte, vnd sunderlich vwers Vehs, Fient sin wollen, „vmb vnsers gnedigen Jungher, Gottfrieds von Eppenstein, Herrn „zu Münzenberg willen, vnd sonderlich der Ursach halben, als ich „Hennz Koche uwer Hemel einstechen wolte sin ich mich darüber „in ein Bein gestochen, vnd auch daz ich mit mynen Anhang für „dieser Zyt, als wir vns zu dieser Vehede geschickt, viel Arbeit „gehabt han, vnd obe Gott wil noch zu vielmaln thund werden. „Und ob ir oder vwer Vehe des einicher schaden, es were mit „süden oder braten nemeer wurdt, wollen wir unsere Ere an vch „genugsam verwart hain, vnd scheiden doch in dieser Vehede vß „Hermand Kochen vnd sin Mitgesellen in der Kochen. Datum vnter „myn Lukeln der Vehemede, Kosselichen Innsiegel, das wir andern „vns in der Kochen zu gemeiner Nottarf gebruchen. Am Mitt„wochend nach Andreä anno millesimo quadringentesimo septua„gesimo septimo. (3. Decbr. 1477)“ [19]).

Schon seit Anfang des fünfzehnten Jahrhunderts hatten sich zwischen den Eppsteinern und der Stadt Frankfurt Irrungen über die vertragsmäßige Oeffnung der Eppsteinischen Schlösser erhoben, die sich bis zum Jahr 1480 wiederholen. In diesem Jahr (Donnerstag sant Laurenzientag 10. August) kommt endlich ein neuer Vertrag zu Stande. Gottfried X. von Eppstein und die Stadt Frankfurt heben an diesem Tag die in den Jahren 1368 und 1404 abgeschlossenen Verträge auf, und ersterer verbindet sich der Stadt und öffnet seine Schlösser auf Lebenszeit gegen Zahlung von jährlich siebenzig Gulden. Die Stadt lieh ihm ferner siebenhundert Gulden, wogegen derselbe das Dorf Schwanheim, und da der lehnherrliche Consens nicht zu erwirken war, das Dorf Langenhain

„mit allen und iglichen renten, nutzungen, renten, gülten, zinßen, „Bethen, Pächten, Wasser, Waiden, Walden, Bussen, Gebieten, Ver-

---

[19]) Müller Reichstags-theatrum Friedrich V. 1. Vorstellung. S. 97. — Pütter Reichsgeschichte. Göttingen 1783. S. 373.

„bieten, Atzung, Läger, Dinsten ꝛc. ꝛc. vnd andern zu vnd ingehörigen, „nichts vßgescheiden.“

verpfändet würde. Aber auch diesen Vertrag erfüllte der Eppsteiner so wenig, daß er sogar das verpfändete Dorf Langenhain ohne Wissen der Stadt verkaufte [20]).

Noch ehe das Geschlecht im Mannsstamm erlosch, hatten die Eppensteiner den größten Theil ihrer Besitzungen veräußert oder verpfändet. Auch die Hälfte des Schlosses Eppenstein, die Reichslehen war, nebst der Hälfte der Stadt Eppstein und mehre Dörfer und Höfe verkaufte Gottfried X. am 6. August 1492 an den Landgrafen Wilhelm III. von Hessen um vier und sechszig tausend Gulden, wozu Kaiser Friedrich III. schon am 11. April gedachten Jahres die Einwilligung gegeben hatte [21]). Kinderlos starb Gottfried X. am 24. Decbr. 1522, und mit ihm erlosch die Linie Eppstein-Münzenberg [22]) Seine Ver-

---

[20]) Urkunden im Archive der freien Stadt Frankfurt. — Lersner Chronik Thl. 2. S. 668.

[21]) Archiv für Hessische Geschichte. Bd. 1. S. 529. — Ledderhose kleine Schriften. Thl. 3. S. 74 und 121.

[22]) In der evangelischen Kirche zu Eppstein befinden sich mehrere Grabmäler der Dynasten von Eppstein. Zwei derselben, nämlich die unter a und c bemerkten, lagen ehemals vor dem Altar flach auf dem Boden und jeder Beschädigung ausgesetzt. Herr Archivar Habel hat sich das Verdienst erworben, solche durch Aufstellung an der Wand gerettet zu haben. Es sind folgende:

a. Gottfried VIII. Er steht in Lebensgröße und in ganzer Figur geharnischt auf einem Löwen. Die Umschrift lautet:

Anno domini MCCCCXXXVII feria tertia post festum Sti Mathei Apostoli obiit nobilissimus Baro Domicellus Gothofredus senior Dominus in Eppenstein, cujus anima requiescat in pace.

b. Dessen Gemahlin, Jutta, Gräfin von Nassau.

c. Des Sohnes Gottfried VIII. Adolph, Domprobst in Speier. Das Grabmal stellt ihn in Lebensgröße stehend, mit einem langen Talar bekleidet und ein Buch in den Händen vor sich haltend, dar. Die Umschrift lautet:

Anno domini MCCCCLIII ipso die sancti Mathei Apostoli obiit Reverendus pater et dominus Adolphus de Eppenstein, electus spirensis, praepositus Sti. Bartholomaei francofurtensis cujus anima requiescat in pace.

lassenschaft mit der ihm noch gehörigen Hälfte des Schlosses Eppenstein fiel an seine Vettern, die Gebrüder Eberhard und Georg von Eppenstein-Königstein, von denen jedoch letzterer 1527 unvermält und ersterer 1535, der letzte des Eppensteinischen Mannsstamms, kinderlos starben. Testamentlich folgte mit kaiserlicher Bewilligung seiner Schwester Anna Sohn, Graf Ludwig von Stollberg, in die gesammte Verlassenschaft. Nach dessen kinderlosem Ableben am 24. August 1574 setzte sich der Erzbischof Daniel Brendel von Homburg in den Besitz des größten Theils dieser Lande, auf welche er dem Erzstift eine kaiserliche Anwartschaft erworben hatte; ein Besitz, welcher dem Erzstift durch einen im Jahr 1590 abgeschlossenen Vergleich gesichert ward [23]). Seit damals blieben Hessen-Darmstadt, auf welche Linie nach dem Tod Philipps des Großmüthigen dieser Landestheil fiel, und Mainz im Besitz des Schlosses Eppenstein, das auf hessischer Seite von einem Amtmann und auf mainzischer Seite von einem Keller bewohnt ward.

Im Anfang des Jahrs 1648 unter Ludwig dem Vierzehnten besetzten die Franzosen unter Anführung des Marschall Turenne das

---

d. Des Urenkels gedachten Gottfrieds VIII. Derselbe starb ohngefähr 14 Jahre alt vor seinem Vater Gottfried X., mit welchem 1522 die Linie Eppstein-Münzenberg ausstarb. Das Monument, welches ihn stehend in ganzer Figur in einem langen Gewand nicht ganz in Lebensgröße vorstellt, ist vorzüglich schön gearbeitet, mit der Umschrift: Anno domini 1494 uff den 24 Tag des Mondes Juli starb der wohlgeborne Engelbrecht, Herr zu Eppstein und zu Münzenberg, Graf zu Dietz, dem Gott gnade.

Die Kirche scheint sehr alt. Nach einigen soll sie im elften, nach andern im zwölften Jahrhundert erbaut sein. Unter dem Dach außerhalb stand die Jahrzahl 1498, wahrscheinlich zur Erinnerung einer Herstellung. Sie war dem heiligen Laurenzius gewidmet und hatte vier Altäre, nämlich S. crucis, Liebfrauen, St. Georgen und St. Johann Altar, welche von vier Altaristen aus dem St. Petersstift in Mainz bedient wurden. Im Jahr 1492, als Hessen einen Theil des Schlosses und der Stadt Eppstein erwarb, wurden dieselben abgeschafft und ein katholischer Priester eingesetzt, sodann im Jahr 1525 die Reformation eingeführt und ein lutherischer Geistlicher angestellt, der katholische Gottesdienst jedoch in der Schloßkirche fortgesetzt.

[23]) Königsteinische Deductionen.

Städtchen Eppstein. Die Kirche im Städtchen machten sie zu einem Pferdstall und verbrannten die Kirchstühle. Die Einwohner hatten sich mit ihrer Habe in das Schloß geflüchtet. Als im Städtchen Feuer ausging und ein Haus abbrannte, riefen die Franzosen die Bürger vom Schloß um Hülfe, welche diese auch leisteten [24]). In dem Anfang des französischen Revolutions-Kriegs belegten die Preußen das Schloß mit einem Lazareth, wodurch das ohnehin baufällige hessische Gebäude so sehr ruinirt ward, daß dessen längere Erhaltung nicht mehr räthlich war. Es ward daher, um gänzlichen Zusammensturz zu vermeiden, wenige Jahre nachher abgebrochen und der Zeit die gänzliche Zerstörung überlassen; die ehemalige Mainzische Seite ist noch bewohnt, und die daselbst befindliche katholische Kirche noch im Gebrauch. Durch den Reichsdeputationshauptschluß von 1803 wurde das Schloß Eppstein mit der ganzen Gegend dem Nassauschen Fürstenhaus überwiesen, das solches dermalen hoheitlich besitzt, während das Eigenthum der Ruine an Hrn. Geheimenrath von Gerning in Frankfurt und nachher an Hrn. Archivar Habel in Schierstein gelangte, welcher für Erhaltung derselben, und deren freundliche Belebung mit Blumen und Gebüsch dankenswerthe Sorge trägt.

Auch dieses Schloß schmückt eine Volkssage. Einst verirrte sich Ritter Eppo auf der Jagd und ruhte ermüdet am Fuße eines Felsen. Da hörte er die Klage einer weiblichen Stimme und, durch das Gebüsch gedrungen, sah er ein schönes Fräulein an dem Eingang einer Grotte angekettet und erfuhr, daß sie von einem Riesen, der eben auf dem Felsen schlief, bedrängt und bewacht werde. Eppo wirft sein Jagd-Netz über den Schlafenden, der erwachend sich in solches verwickelt und in dem Bestreben des Losreißens von den Felsen herabstürzt und zerschellt. Eppo heirathet die schöne Befreite und erbaute auf dem Felsen, das nach ihm benannte Schloß Eppstein, über dessen Thor die Rippe des Riesen aufgehangen ward, wo sie noch in neuerer Zeit zu sehen war. — Andere leiten den Namen des Schlosses von dem vielen Eppich (Epheu) ab, mit dem der Felsen, auf dem es erbaut ist, bewachsen war.

---

[24]) Handschriftliche Nachrichten.

Abbildungen von Eppstein.

1. Von Merian in der Topographie von Hessen.
2. Eine Copie im Kleinen hiernach von S. Furck.
3. Zwei in Morgensterns malerischer Wanderung.
4. Eine in Meyers Universum. Bd. IV. S. 121.
5. Eine in Kirchners Ansichten von Frankfurt, nach Radl von Geißler.
6. Eine größere von Kraus radirt und colorirt in Prestels Verlag in Frankfurt. — Nr. 1. 2. 3. stellen es in noch erhaltenem Zustande, die übrigen als Ruine dar.
7. Eine Abbildung in Vogels Nassauschem Taschenbuch von 1832 ist eine Copie von Nr. 1.
8. Eine Abbildung von Neubauer.
9. Eine Abbildung in Stahlstich im Verlag von Lange in Darmstadt.

VII.

Das Schloß in Vilbel.

Es schimmern öde Mauern
Im goldnen Abendschein.
Es wehet stilles Trauern
Um's moosige Gestein.

Schreiber.

Das Schloß in Vilbel.

Eine Meile von Frankfurt am Main, an der Landstraße nach Hessen, liegt der große schöne Flecken Vilbel. Aus der Münzenbergischen Verlassenschaft herrührend (1255), fiel er in Gemeinschaft an die Herrschaften Hanau und Falkenstein; der erstere Antheil mit der Grafschaft Hanau-Münzenberg (1736) an Hessen-Cassel, der letztere Antheil (1418) an Eppstein-Königstein, sodann (1581) an Kur-Mainz, und das Ganze in neuster Zeit (1816) an das Großherzogthum Hessen. Er lehnt sich an die nördliche Seite des Bornheimer Bergs (die Berger Anhöhe) und wird von der Nidda durchströmt, über welche eine steinerne Brücke führt. Auf dieser sieht man, dicht am rechten Ufer des Flusses, die Reste des Schlosses über Bäumen herausragen. Noch sind das Thor, der daran stoßende viereckige Thurm und die geringen Nebengebäude in baulichem Stande, und dienen zu Speichern und Fruchtböden; das Hauptgebäude liegt in Trümmern. In der Ebene gelegen, erheben sich die Gebäude und die Mäuern der Burg, die einen Hof umschließen, aus einem tiefen, jetzt trockenen Graben, der sie umringt und beschützt. Eine steinerne auf mehreren Bogen ruhende Brücke führt zum Thor.

Ein im siebenzehnten Jahrhundert erloschenes Rittergeschlecht von Vilbel (Vielwyle, Fylwyl) genannt, das schon im Anfang des dreizehnten Jahrhunderts urkundlich vorkommt [1]), führt von diesem

[1]) Böhmer cod. dipl. Moeno Francof. S. 60.

Ort, ohne Zweifel seiner Heimath, den Namen. Doch besaß es in Vilbel keine befestigte Burg, wenige Zeit ausgenommen, wo es sich den Bau einer solchen anmaßte. Die Ritter von Vilbel gehörten zu den Ministerialen des Kaiserlichen Palastes in Frankfurt, und ihr Wappen (ein gevierter Schild, in der Mitte eine Rose) soll sich, neben andern noch vorhandenen, an dem Grabmal des Römischen Königs Günther von Schwarzburg, der 1349 im Kaiserchor der St. Bartholomäuskirche in Frankfurt beigesetzt ward, befunden haben. Dies würde den Beweis liefern, daß solche an Errichtung dieses Grabmals Theil genommen hätten [2]). Sie waren in Vilbel, Dortelweil, Bergen, im Freigericht, Waldmundsheim oder Alzenau [3]), und andern Orten begütert, und Henne von Vilbel und seine Erben besaßen im Jahr 1310 das Schrotamt in Frankfurt [4]). Im Jahr 1265 crastino Andreae Sti. Apostoli vermachten Walther von Vilbel und seine Hausfrau Irmengard dem Kloster Haina vierzehn Mark Cöllnischer Heller zum Seelgeräthe aus ihren in Dortelweil gelegenen Gütern und im Jahr 1284 non. Sept. schenkten Bechtram von Vilbel und seine Gattin Margarethe demselben Kloster ihre sämmtlichen Güter in Bergen zu gleichem Zweck, unter der Bedingung, daß das Kloster ihnen lebenslänglich eine Rente entrichten, auch dafür sorgen sollte, daß in der Kapelle in Bergen wöchentlich dreimal, nach ihrem Ableben aber täglich Gottesdienst gehalten werde. Im Jahr 1381 glaubte Richard von Vilbel diese Schenkung anfechten zu können; doch richtete er nichts aus und entsagte daher feria tertia post diem beatorum apostolorum Petri et Pauli diesen Ansprüchen, unter der Bedingung:

„Daß die von Haina der von Felvil gedenken in eme Gebede, „auch sollen sie die Capellen in Bergen halten in allermaße als „sie er Briebe sagen."

---

[2]) Müller Beschreibung von Frankfurt. Thl. 1. S. 247. — Ob dieses gegründet sei, stelle ich dahin. Ich finde das Wappen der von Vilbel weder auf der bei Lersner Chronik. Thl. 1. Abtheilung 2. S. 107. befindlichen Abbildung, noch an dem Grabmal selbst.

[3]) Steiner Geschichte des Freigerichts, Aschaffenburg 1820. S. 114.

[4]) Böhmer l. c. S. 391.

Im Jahr 1360 (Kal. Mart.) bestätigt Gerlach, Erzbischof zu Mainz, eine ehemals von den Rittern von Vilbel geschehene Stiftung und Dotation eines Altars zu Ehren des heiligen Nicolaus [5]).

Das Gericht Reinhards, zwischen Rosbach und Rodheim in der Wetterau gelegen, trug Reinhard von Vilbel und sein Sohn Walther von Landgraf Ludwig zu Hessen im Jahr 1453, und Heinrich und Eitel von Vilbel 1493 von Landgraf Wilhelm dem jüngern zu Lehen [6]). In Vilbel verkaufte feria tertia post Lucie (13. December) 1363 Johann von Vilbel, Edelknecht, mit Einwilligung seines Ganerben Rythart von Vilbel an ihren Ganerben Frank von Cronberg das ihm eigenthümliche Fischwasser und das Wöhrd [7]), und auf die in Dortelweil gelegenen Güter bewitthumt Bechtram von Vilbel seine Ehegattin, Diemar von Reifenbergs Tochter [8]). An welchem Ort erstere Ganerben waren, sagt die Urkunde nicht. Da zu dieser Zeit eine Burg in Vilbel noch nicht erbaut war, so muß dieses Recht andere Güter umfaßt haben. Dagegen waren sie Ganerben in Bommersheim, an welchem auch Henne und Werner von Vilbel, Edelknechte, Theil hatten. Letzterer ward bei Bommersheims Zerstörung durch den Städtebund im Januar 1382 gefangen. Bedingung seiner Entlassung war, daß Werner und Henne jedem Anspruch wegen Bommersheims Zerstörung entsagen und sich verpflichten der Stadt Frankfurt jährlich zwei Monate mit zwei Glenen und vier Hengsten und Pferden, beide

„gewapnet wol geryden vnd wol erzüget, wo und wan sie wollen
„in den nehsten acht Tagen nach der Manunge vff vnsern Schaden
„vnd Verlust, vnd vff Kosten der Stad"

zu dienen.

Bekannt und berüchtigt war Bechtram von Vilbel. Schon im Jahr 1387 hatte Frankfurt Fehde mit ihm, und im Jahr 1393 ipsa die Dorothee Virginis (6. Februar) werden Ansprüche verglichen, die

---

5) Kuchenbecker Annal. Hass. t. VIII. S. 294. 314. 315.
6) Böhmer l. c. S. 391.
7) Urkunde im Archive der freien Stadt Frankfurt.
8) Lersner Chronik. Thl. 2. S. 607.

er an Frankfurt, dessen Hauptmann er früher war, machte; er verband sich der Stadt zu dienen, er selbst zu sechs mit sechs Pferden „selb vierte gewapent."

Im Jahr 1394 feria tertia Sti. Francisci wird dieses Bündniß gegen ein Anlehen von zweihundert Gulden erneuert, und dessen Dauer bis zu deren Zurückzahlung bestimmt. Wenig halfen dergleichen Verträge; ohnerachtet derselben machte Bechtram und sein Bruder Walther die Straßen und die Gegend unsicher; sie wurden auf Klage der Stadt Frankfurt verlandfriedet, und den verlandfriedeten Bechtram beherbergte im Jahr 1398 Johann von Cronberg, und im Jahr 1399 Franke von Cronberg, letzterer in Steinheim, das er von der Herrschaft von Eppstein inne hatte.

Allmählig befestigten die Ritter von Vilbel ihren Wohnsitz in Vilbel und im Jahr 1399 erscheint solcher als Burg, aus welcher sie Zoll und Weggeld erpressen. Dies gab der Stadt Frankfurt Veranlassung sich über Verletzung zweier Privilegien zu beschweren; nach einem gehörte ihr der Zoll auf allen über die Nidda führenden Brücken, und auf mehrere Meilen im Umkreis durfte kein neuer angelegt werden, nach dem andern war es verwehrt in eben diesem Bezirk neue Besitzungen zu bauen. Nothwendig schien es diesem Unfug zu steuern, und Philipp von Falkenstein, Herr zu Münzenberg, und Ulrich, Herr zu Hanau, denen Vilbel, als Landesherren, zustand, sodann Frankfurt, beschlossen die Eroberung des Schlosses. Eine besondere Urkunde d. d. feria secunda post Viti et Modesti (17. Juni) 1399, bestimmte den folgenden Tag zum Angriff. Der Erfolg war glücklich, und die Burg wurde zerstört. Adolph, Graf von Nassau, ergriff die Parthei Bechtrams und erklärte auf Johannistag 1399, daß er denselben und seine Helfer in seinen Landen und Schlössern aufnehmen werde. Bechtram und sein Bruder Walther wurden nun der Stadt Frankfurt Feind und sie und ihre Helfer griffen im September 1399 das von Frankfurt nach Mainz gehende Marktschiff an und plünderten es, was ihnen den Namen der Marktschiff-Schinder erwarb. Indessen verglich sich Walther von Vilbel feria quinta post Francisci 1400 mit den Eroberern, wegen Zerstörung des Schlosses und des ihm zugefügten Schadens; gegen ihn ward daher die Verlandfriedung aufgehoben, und er verband sich noch besonders der Stadt

Frankfurt. Mit Bechtram war im Jahr 1402 die Fehde noch nicht gesühnt, doch wurde daran gearbeitet, und am 6. November verwendet sich Hermann, Herr zu Rodenstein und zu Lisberg, für solchen, als seinen Mann und Diener. Zu Ende des Jahres 1404 war derselbe Mainzischer Marschall. Endlich wurde im Jahr 1404 diese Sache verglichen. Bechtram und seine Hausfrau gaben der Stadt Frankfurt Haus, Hof, Garten und zwei Huben Landes in Dortelweil zu eigen und empfingen diese Güter zu Lehen. Dagegen erhielten sie zweihundert Gulden. Vier Jahre lang sollte das Geld unablegslich stehen, dann, nach vierteljähriger Aufkündigung rückzahlbar, und hiernach der Lehnsverband erloschen sein. Kündigte Bechtram auf und zahlte nicht, so verlor er das Lehen. Letzteres geschah wirklich; doch zahlte die Stadt noch hundert und zehen Gulden an Bechtram und erhielt die Güter zum Eigenthum. Noch verband sich Bechtram, lebenslang Nichts gegen Frankfurt zu thun. Die deßfallsige Urkunde ist sabbato post Mathei Apostoli et Evangeliste 1408 ausgestellt [9]).

Schon im Jahr 1399 verkauften die Ritter von Vilbel ihre dortigen Besitzungen an den Erzbischof von Trier, Werner von Falkenstein [10]), den letzten dieses Geschlechts, welcher die sämmtlichen Falkensteinischen Besitzungen und mit ihnen die Hälfte von Vilbel im Jahr 1409 erhielt. Er baute mit Hülfe der benachbarten Ortschaften, namentlich Niedererlenbach, welches noch im Jahr 1414 aufgefordert ward, Frohndienste zu leisten, das zerstörte Schloß wieder auf, wahrscheinlich größer und weitläufiger, als das vorige war. Ein regelmäßiger viereckiger Hof wird auf der Südseite von dem Hauptgebäude, und auf den andern Seiten von Mauern, an die sich nordwärts niedere Gebäude lehnen, eingeschlossen. Auch das Thor, das sich an einen niedern viereckigen Thurm lehnt, befindet sich nördlich. Ueber dem Thorbogen ist das Wappen des Erbauers in Stein ausgehauen: Ein gevierter Schild, in den Feldern rechts oben und

---

[9]) Das seit vorstehender Anmerkung 8. Erzählte beruht auf Urkunden im Archive der freien Stadt Frankfurt.

[10]) Archiv für Hessische Geschichte und Alterthumskunde. Bd. 1. S. 528, Note d.

links unten, das Triersche Kreuz als Wappen des Erzstifts, im obern linken Feld der zwerchgetheilte Schild, dessen sich die Münzenbergischen Erben bedienten, und rechts unten das Falkensteinische Stammwappen, das Bolandische Rad. Das Schloß fiel, nach des Erzbischofs im Jahr 1418 erfolgten Ableben, in der ersten Falkensteinischen Theilung im Jahr 1419 auf Anna von Sain, geborne von Solms, und Diether von Ysenburg zur Hälfte und zur andern Hälfte auf die Eppsteiner, sämmtlich Schwesterkinder des Erzbischofs [11]). Diese schlossen feria quarta post festum annunciationis beate Virginis Marie (26. März) 1421 einen Burgfrieden wegen des Schlosses ab, und theilten solches hierauf am Freitag vor dem Dreifaltigkeitstag (6. Mai) desselben Jahres unter einander. Gemeinschaftlich blieben nur der Thurm, die Pforte, Brücke und die Wege zum Schloß. Zwei Thurmhüter, vier Wächter und ein Pförtner wurden gemeinschaftlich unterhalten; auf Cathedra Petri zahlt jeder Theilhaber zwanzig Gulden zur Unterhaltung des Schlosses an den jährlich wechselnden Baumeister.

Als Mitbesitzer dieses Schlosses erscheinen die Vilbel nicht mehr, dagegen öfters auf der Straße, die sie unsicher machen. Im Jahr 1405 nahm Henne von Vilbel einem Nürnberger Kaufmann Heintze König bei Padenhausen drei Pferde weg; eins gab er wieder, die andern bezahlte er mit vierzig Gulden. Die Quittung des Kaufmanns ist ausgestellt: in crastino decoll. St. Johannis. Als Zeuge erscheint Herrmann von Rodenstein, Landvogt der Wetterau. Derselbe Henne von Vilbel nahm in einer Fehde mit Herrmann von Langsdorf das Schloß Carben weg. Graf Johann von Catzenelnbogen, der daselbst das Oeffnungsrecht hatte, verlangte von der Stadt Frankfurt, daß sie gedachten Henne von Vilbel, nach Inhalt des Landfriedens

„virbiden vnd vffhalden sollte, weil er vnß offen Hus zu Karben

---

[11]) Die Falkensteinische Theilungsurkunde s. bei Buri behauptete Vorrechte der alten Königlichen Bannforste 2c. Offenbach 1744. Anlage Nr. 19. seq. — Deductio des Gräflich Stollbergischen Erbrechtens, die Grafschaft Königstein betr. 1673. Anlage 11. seq. — Guden t. V. S. 894.

„vnd waz wir darinne hatten angewonnen vnd hene gegeben hat „in eyne fremde Hand.“

Der merkwürdigste des Geschlechts in Bezug auf Frankfurt ist der mehrerwähnte Bechtram von Vilbel, ein kühner unruhiger Mann. Früher der Stadt-Hauptmann, dann deren Feind, verband er sich im Jahr 1391 derselben abermals mit

„sechs Hengsten vnd Pferden, selb vier gewapent mit zween Gle- „nen, wol geritten vnd wol erziget mit Pferden und Harnisch“

jährlich um fünfhundert Gulden, und im Jahr 1392 um sechshundert Gulden. Als er in einer Fehde der Stadt mit den benachbarten Rittern am 12. April 1394 bei Weisenkirchen, wo der Stadt Söldner niederlagen, gefangen ward, löste ihn die Stadt aus und ersetzte ihm seinen Schaden mit hundert Gulden. Er verließ später den Stadtdienst und ward, nach Zerstörung des Schlosses Vilbel, der Stadt Feind. Doch ward, wie bereits oben bemerkt, die Sache im Jahr 1408 vertragen. In den Jahren 1412 bis 1416 war er abermals der Stadt Hauptmann. Nochmals verließ er diesen Dienst und griff zum gewohnten Erwerb der Weglagerung. Ernstliche Warnungen und Bedrohungen von Seiten Frankfurts, das ihm zum Zweck seiner Rechtfertigung Geleite gab, bewogen ihn im August 1420 zu dem Versprechen:

„Daß er ir vnd der iren vnd der gemeinen Straßen schonen „wold vnd daruff nit grifen oder schedigen, sunderlich die Geste „vnd Kouflude.“

Aber schon auf dem Heimweg fängt er, seines Versprechens vergessend, den Conrad Schwarz, genannt Schwebele, Diener des Handlungshauses Ulrich Arzt aus Augsburg und schleppt ihn nach Neufalkenstein. Dort nöthigt er solchen, einen Brief an seinen Wirth nach Frankfurt zu schreiben, um Geld zu verlangen; aber der Wirth zum Einhorn hielt klüglich damit zurück. Wenige Tage, nach diesem auf offener Straße verübten Gewaltstreich am 26. August 1420 reitet Bechtram zu einer Unterredung mit dem Grafen von Catzenelnbogen nach dem Hain. Auf dem Rückweg fällt er, gegen dem Gutleuthof über, auf dem linken Mainufer einen Kaufmann Hans Ducke an; der Stadt Söldner, die schon auf ihn lauern, setzten schnell durch den Fluß, warfen ihn mit zwei Knechten nieder und bringen ihn ge fangen nach Frankfurt. Aus dem Gefängniß muß er alsbald folgenden Brief an seine in Falkenstein wohnende Hausfrau schreiben, um die Loslassung des Schwebele zu bewirken:

„Der erbern Elsen von Vilwyl miner liben Hußfruwe."

„Mynen fruntlichen Gruß zuvor, libe Huß Fruwe ich lasse dich „wißen, daß mich die von Frankfurt gefangen han, darvmt so „heißen ich dich, du slahest den Gefangenen daz Schwebele von „stund vß, vnd lassest in laufen, den ich wol erfunden han, daz „ich mit ime noch er mit mir nit zu schicken hat, vnd so du daz „dust, so mir lieb ist. Geben unter mein Ingeß: vff den Montag „nach St. Bartholomäus zum warzeichen so sende ich dir din eigen „Ingeß."

Der Gefangene ward ledig gegeben, und schon am folgenden Tag den 27. August ließ der Rath in Frankfurt den Bertram von Vilbel mit seinen zwei Knechten hinrichten. Auf der sogenannten Schütt vor dem Bockenheimer Thore war ein schwarzes Tuch hingebreitet, ein Kruzifix, zwei Lichter, Todtenbahre und Sarg standen zur Seite. Dieses betrachtend und ohne sich die Augen verbinden zu lassen, wird Bertram enthauptet. Die beiden Knappen wurden an gewöhnlicher Richtstätte hingerichtet. Bertrams Leichnam ward, nach seiner Bitte, in der St. Catharinen-Kirche begraben, später aber, da man in Erfahrung brachte, daß er im Bann gestorben war, wieder ausgegraben und auf dem Gänsgraben — dem jetzigen Baugraben — dem Begräbnißort der Verbrecher und Excommunizirten, verscharrt. Langwierige Fehden waren Folge dieses Vorfalls, überhaupt zur Abschreckung der Schnapphäne, und rasch vollführt, um beschwerliche Vorbitten oder Einmischnngen Benachbarter zu vermeiden [12]). Walther von Vilbel, Bechtrams Bruder, der seit dem Jahr 1412 Frankfurter Amtmann in Niedererlenbach war, legte im Jahr 1420, ohne Zweifel wegen dieses Ereignisses, seine Stelle nieder. Im Jahr 1435 fing Richard v. V. den Frankfurter Bürger Richard Bartscherer, und

---

[12]) Urkunden. Lersner Chronik. Thl. 1. S. 492. — Kirchner Geschichte von Frankfurt. Thl. 1. S. 338.

nahm ihm seine Habe. Der Rath verwendete sich für ihn feria quarta post festum Assumcionis Marie Virginis gloriose, und in eben gedachtem Jahr hatte Richwin von Vilbel wegen des Kirchsatzes in Dortelweil Irrungen mit dem Grafen Solms. Im Jahr 1440 war Heinrich von Vilbel und im Jahr 1450 Richwin von Vilbel Frankfurtischer Amtmann in Niedererlenbach. Im Jahr 1458 war Walther von Vilbel Burgmann in Friedberg und im Jahr 1512 Ytel von Vilbel Amtmann in Eppstein.

Die Stadt Frankfurt, welche eigener Sicherheit wegen, an allen benachbarten Burgen Eigenthums- oder Oeffnungsrechte zu erwerben suchte, knüpfte im Jahr 1429, unter Vermittlung des Grafen Reinhard von Hanau, mit dem Grafen von Ysenburg Erkaufs-Unterhandlungen wegen des Schlosses Vilbel an. Graf Diether von Ysenburg, welcher anfänglich für die Hälfte seines Viertels, also für ein Achtel des ganzen Schlosses, zweitausend Gulden forderte, ließ sich auf die Hälfte behandeln. Der Kaufbrief ward ipsa die St. Scolastice Virginis 1430 (10. Februar) ausgefertigt, und das Kaufgeld sabbato post Mathei Apostoli (23. September) desselben Jahres an den Ysenburgischen Bevollmächtigten Eckert von Fischborn bezahlt. Doch war es nur auf Wiederkauf geschehen. Ysenburg und Frankfurt blieben im ungetheilten Besitz des Viertels; sämmtliche Ganerben gaben der Stadt die nöthigen Reverse und erhielten Gegenreverse. Ganerben des Schlosses Vilbel waren damals:

1) Gottfried }
2) Eberhard } Gebrüder, Herren zu Eppstein, zur Hälfte.
3) Anna von Solms, früher vermählte Gräfin von Sain, und durch sie ihr zweiter Gemahl Johann von Loen, Herr zu Gülche, Hengsberg und Löwenberg zu einem Viertel.
4) Diether von Ysenburg und seine Gemahlin Elisabeth }
5) Frankfurt } zu einem Viertel.

Donnerstag vor Sonntag Reminiscere 1430 den (9. März) gelobte der Frankfurter Bürgermeister Johann Brune, in Beisein des Frankfurter Rathsherrn Jacob Stralenberg, in Vilbel den Burgfrieden, und Pförtner, Thurmhüter und Wächter schwuren der Stadt. Gegenwärtig waren Wigand Merbode, Amtmann des Herrn von Loen,

Sfrid Fickel, Amtmann der Eppsteiner, und Lüter, Amtmann de Grafen von Ysenburg. Heinrich von Vilbel, Pastor daselbst, war von letzterm noch besonders zur Uebergabe des Schlosses beauftragt. Lüter wurde gemeinschaftlicher Amtmann im Schloß; er erhielt jährlich drei und vierzig Gulden und vierzehn Achtel Korn; davon mußte er Pförtner und Wächter bezahlen. Hierauf wurde Richwin von Vilbel der Stadt Frankfurt Amtmann daselbst. Noch im Jahr 1432 bekleidete Sifrid Fickel von Seiten der Eppsteiner gleiche Stelle.

Bekannt ist die unglückliche Fehde der Stadt Friedberg mit Hans Walbrunn, dessen Vater von der Stadt Söldnern erschlagen war, und die schon im Jahr 1435 begann, und eben so bekannt, daß im Jahr 1448 Walbrunn in der Stadt überall Feuer anlegen ließ, wodurch sechshundert Häuser niederbrannten, ein damals um so härteres Schicksal, weil die Stadt in der Acht war. Frankfurt war den Friedbergern geneigt, und der Stadt Söldner, die gedachten Walbrunn und seine Helfer im August 1436 bei Vilbel ereilten, jagten ihn, unter dem Vorwand, sie hätten ihn nicht erkannt, in das Schloß Vilbel, wo sie ihn fingen, und er den Ganerben ein Gefängniß geloben mußte. Die Grafen von Catzenelnbogen verwendeten sich für ihn [13]).

Im Jahr 1446 hatte Diether von Sain, als Erbe seiner Mutter Anna gebornen von Solms, einen Theil seiner Besitzungen und mit diesem seinen Antheil am Schloß in Vilbel an Franken von Cronberg den alten für zwanzigtausend Gulden, auf Wiederkauf, verkauft, welcher kurz darauf in einen Erbverkauf umgeändert wurde, worüber Gerhard, Graf von Sain, auf Michelstag 1458 eine Urkunde ausstellte. Frank von Cronberg trat jetzt, als Ganerbe in den Mitbesitz des Schlosses Vilbel. Im Jahr 1450 unterhandelten die Ganerben über Bestellung des Schlosses und im Jahr 1454 über dessen Theilung. Als der im Burgfrieden, zu Schlichtung allenfallsiger Irrungen zwischen den Ganerben, ernannte Obmann Georg Brendel von Homburg starb, wurde Henne von Buches dazu erwählt. Im Jahr 1467 ward die baufällige Schloßbrücke hergestellt. In den Jahren 1461 bis 1479 war Bechtold von Eschbach, und von 1479

---

[13]) Urkunden. Lersner Chronik. Thl. 2. S. 640.

bis 1507 Balthasar von Eschbach, Amtmann daselbst. Im Jahr 1461 verlangte Ersterer, daß noch Schützen in das Schloß gelegt wurden, „weil die Leuffte fast wylde begeben", und auf Mittwoch nach Apollonien (10. Februar) 1507, fordert letzterer Munition. Im Jahr 1503, Freitag nach Fronleichnamstag (4. Juni), öffnet Eberhard, Herr zu Eppstein und Königstein, das Schloß in Vilbel dem Grafen Reinhard von Hanau auf zwölf Jahre, und im Jahr 1507 schlossen beide einen Vertrag, nach welchem, außer dem Schloß, auch die dazu gehörigen Feldgüter — über welche seither Irrungen obschwebten — Privativ-Eigenthum des Eppsteiners sein sollten [14]).

Die Eppstein-Königsteiner hatten inzwischen sämmtliche Theile des Schlosses, das Ysenburgische und Frankfurtische Viertel ausgenommen, an sich gebracht, und als dieses Dynasten-Geschlecht mit Graf Eberhard im Jahr 1535 im Mannsstamm erlosch, beerbte ihn seiner Schwester Anna (vermählt mit Graf Bodo von Stollberg) Sohn Ludwig. Als dessen Amtmann in Vilbel erscheint in den Jahren 1539 bis 1552 Philipp von Lorsbach.

Bis zum Jahr 1559, also hundert und dreißig Jahre lang, war Frankfurt in ungestörtem Mitbesitz der Burg in Vilbel. Von hier an wurden der Stadt keine Beiträge zu deren Unterhalt abgefordert. Der Rath fragte daher bei dem Stollberg-Königsteinischen Beamten Valentin Zorn an. Dieser entschuldigte sich mit einem Befehl seines Herrn. Ein Beschwerdeschreiben an den Grafen vom 8. November 1565 beantwortete dieser dahin, daß ihm von Frankfurtischem Eigenthum an dem Schloß nichts bekannt sei. Die wiederholten nachdrücklichsten Vorstellungen blieben fruchtlos. Da klagte der Rath in Frankfurt am 16. August 1571 gegen den Grafen Ludwig von Stollberg-Königstein, bei dem Kammergericht in Speier und unter Beistand der Grafen Philipp und Georg von Ysenburg, Herrn zu Büdingen, wurde die Sache bis zum 17. August 1574 fortgeführt. Frankfurt sei nie in den Besitz gekommen, behauptete

---

[14]) Urkunden. Lersner Chronik. Thl. 1. S. 465 und Thl. 2. S. 374. — Archiv für Hessische Geschichte rc. Bd. 1. S. 78. — Beschreibung der Hanau M. Lande S. 109. Urk. Nr. 71.

der Stollberger. Als dieser am 24. August 1574 ohne männliche Nachkommen starb, entstanden über die Erbfolge Irrungen. Dessen Tochtermänner, die Grafen Löwenstein, Manderscheid und Eberstein nahmen einstweilen Besitz der Verlassenschaft, die sie jedoch nach Jahresfrist, gegen Ueberlassung des Mobiliar=Vermögens, an des Verstorbenen Bruder, Grafen Christoph übergaben. Ein Versuch der Stadt Frankfurt sich mit ihm am 21. April 1578 in Höchst, des Schlosses Vilbel und anderer Irrungen wegen, zu vergleichen, mißlang. Höchstens gab er der Stadt den Besitz eines Pfandrechts an einem Achtel des Schlosses nach. Aber auch Graf Christoph starb am 8. August 1581 kinderlos. Kur=Mainz hatte sich indessen auf die Königsteinischen Reichslehen eine Anwartschaft zu verschaffen gewußt und verdrängte des verstorbenen Bruder Grafen Albrecht Georg, der sich in den Besitz des Schlosses Königstein und der Verlassenschaft gesetzt hatte und gütliche Herausgabe verweigerte, schon am 21. August mit gewaffneter Hand aus Königstein und dem Besitz des Nachlasses. Alle Bemühungen der Grafen von Stollberg solchen wieder zu erlangen waren vergeblich. Auch der Antheil an dem Dorf und der Burg in Vilbel, ohnerachtet solches nicht Reichslehen, sondern Eigenthum war, kam hierbei gleichfalls an das Erzstift und wurde demselben durch einen am 3. Februar 1590 geschlossenen Vertrag gänzlich überlassen. Auch hier machte Frankfurt im Jahr 1586 wiederholt Vorschritte zur Erhaltung seines Eigenthums. Oesters wurde die Antwort erinnert, die am 1. März 1588 erfolgte. Mit Unwissenheit entschuldigte sich der Erzbischof Wolfgang aus dem Geschlechte der Cämmerer von Worms, Freiherren von Dalberg. Von jetzt an ließ Frankfurt die Sache auf sich erliegen, und Mainz blieb im alleinigen Besitz des Schlosses Vilbel.

Im December des Jahres 1631 eroberten die Hessen Königstein und der Schweden König Gustav Adolph stellte solches, nebst dem Land, mit solchem auch Vilbel, den Grafen Stollberg wieder zu. Dieser Besitz dauerte aber nicht länger, als bis in das Jahr 1635, da der Kaiserliche General Marquis de Grana den Grafen Heinrich Vollrath von Stollberg — den er unter dem Vorwand sich mit ihm über einige Gegenstände zu besprechen, und unter Versicherung völliger Sicherheit, in sein Lager vor Frankfurt lockte — so lange in Haft nehmen ließ, bis er ihm Königstein einräumte. Am 3. December desselben Jahres gab der Kaiser Ferdinand II. dem Generallieutenant Grafen Gallas den Befehl solches an Mainz zurückzugeben [15]). Das Schloß in Vilbel wurde nun die Wohnung des Mainzischen Justiz- und Receptur-Beamten des mit Hanau gemeinschaftlichen Ortes Vilbel und des privativen Amtes Rockenburg und blieb es bis zu seiner Zerstörung.

Als im Jahr 1796 die Oestreichische Armee, unter Oberbefehl des Generals Wartensleben, vor dem französischen Heere sich auf das linke Ufer der Nidda zurückzog, verlangte der französische Heerführer Kleber, am 13. Juli gedachten Jahres, von dem im Schloß wohnenden Mainzischen Beamten schleunige Herstellung der hier über die Nidda führenden, von den Oestreichern abgeworfenen Brücke. Nichtherstellung derselben binnen kurzer Frist ward mit Niederbrennen des Ortes und der Gefangennehmung des Beamten bedroht. Sich diesem zu entziehen entfernte sich derselbe, und Kleber, hierüber und über die Verzögerung der Ueberbrückung der Nidda erbittert, befahl das Schloß als Privativ Mainzisches und feindliches Eigenthum — Hessen-Cassel, wohin der Ort Vilbel zur ungetheilten Hälfte gehörte, war seit dem Basler Frieden neutral — in Brand zu stecken. Es geschah, doch ward das Mobiliar meistens gerettet, Acten und Papiere in den Brunnen geworfen. Seit damals liegt das Hauptgebäude, denn nur dieses brannte nieder, in Ruinen.

Bei dem Erlöschen des Kurstaates Mainz fiel dessen Recht an dem Flecken und Schloß Vilbel, als Entschädigungsantheil an das dermalige Großherzogthum Hessen, welches auch im Jahr 1816 die Kurhessische aus der Hanauschen Erbschaft herrührende Hälfte des Orts erwarb. Die Schloßruine mit den dazu gehörigen Feldgütern und Gärten wurden späterhin an den Grafen von Solms-Rödelheim

[15]) Urkunden. — Deductio des Gräflich Stollbergischen Erbrechts die Grafschaft Königstein 1673. S. 243 seq. — Summarische Vorstellung der gerechten Forderung des Hochgräflichen Hauses Stollberg auf die Grafschaft Königstein. S. 11. §. 32. — An die Röm. Kaiserl. Majestät, Exceptiones, in Klagsachen der Grafen zu Stollberg contra Mainz. Anlage 21. S. 62.

vertauscht, von diesem an die Grafen von Waltersdorf verkauft, und sind dermalen Staats-Eigenthum.

Alle in vorstehender Geschichte enthaltene Thatsachen, deren Quellen nicht angegeben sind, gründen sich auf Urkunden im Archive der freien Stadt Frankfurt, die der Verfasser vor Augen hatte.

Abbildungen von der Burg in Vilbel sind mir nicht bekannt.

VIII.

Reiffenberg.

Dort wo die Bilder der Vergangenheit
Im letzten Strahl der Scheidesonne flimmern,
Wo jetzt die stumme Einsamkeit
Einsiedelnd wohnt in grauen Trümmern,
Dort hausten Ritter einst und Freund' und Glück;
Dort hallten von dem ehrnen Schlag der Hufe,
Vom lauten Bachanal, vom rauhen Schlachtenrufe
Der Felsen und der Wald zurück.

(Schreiber.)

Reiffenberg.

Wendet sich der Blick auf dem Feldberg, diesem höchsten Gipfel des Höhe-Gebirgs, von der reichen östlichen und südlichen Ferne nach Nordwesten, so erscheint, mehr abwärts auf vorspringender Höhe, eine im Jahr 1730 von Casimir Ferdinand Adolph Graf von Bassenheim errichtete und jetzt zerfallende Grab-Capelle, von wenigen Tannen umgeben, und tiefer auf einem Vorberg, trauern einsam die Trümmer des Schlosses Reiffenberg. An seiner Seite ruht das gleichbenannte Dorf, das sich tief im Wiesengrunde fortsetzt. Wechselnde Thäler und waldgekrönte Höhen, zwischen denen Dörfer hervorblicken, vollenden das reizende Gemälde um so anziehender, wenn man auf dem Feldberg den Standpunkt so wählt, daß der auf dessen nördlicher Seite hervorragende Felsen — der Brunnhildisstein — links den Vorgrund bildet. Den Berg hinabsteigend bemerkt man den Römischen Pfahlgraben, der über den steilen Stauffenberg heranzieht, und links, nahe der Weilquelle, finden sich die Merkmale des daselbst gestandenen, Römer-Castells, auch weiter vorn, ein anderes längliches Viereck, die Heidenkirche genannt, in neuerer Zeit durch Nachgrabungen in seinen Grundmauern zu Tage gelegt.

Noch jetzt, wie zu den Zeiten der Römer, ist die Gegend rauh und unwirthbar, und mühsam ernähren sich deren Bewohner, viele als Nagelschmiede, deren Arbeit die Stille unterbricht, die auf der Umgegend ruht.

Ein über sechszig Fuß tiefer, mehrere hundert Fuß langer und über zwanzig Fuß breiter, in den Felsen gehauener Graben trennt die

Burg Reiffenberg von dem Felsenrücken, auf dessen vorspringender Spitze sie erbaut ist und hier mit dreifacher Mauer umgeben war. Vieles Mauerwerk, das jedoch keinen deutlichen Begriff von dem Bau derselben gibt, ist noch übrig, besonders ein runder, auf emporstehendem Felsen gegründeter Thurm von ohngefähr 90 Fuß Höhe, weiterhin der Rest eines viereckigen ohngefähr 70 Fuß hohen Gebäudes, in welchem eine, jetzt sehr zerfallene Treppe von achtzig Stufen zur Höhe führt. Das Archiv soll hier verwahrt gewesen sein. Die Reste eines andern Gebäudes stürzten vor ohngefähr zwanzig Jahren ein. Einen ostwärts hervorragenden Felsen benützte man zu einem Befestigungswerk, indem man ihn aushöhlte, Eingang und Schießlöcher hineinsprengte, und das fehlende mit Mauerwerk ergänzte. Ob unmittelbar auf dem Felsen, der vielleicht zwanzig Fuß hoch sein mag, das Dach ruhte oder auf höher geführtem Mauerwerk, ist nicht mehr ersichtlich. Die Benennung: „Pulver-Kammer“, welche dieses trägt, zeigt wenigstens seine spätere Bestimmung. An die über dreizehn Fuß dicke Burgmauer, welche wohlerhalten die Südwestseite umgibt, lehnt sich die im Jahr 1684, aus Steinen der zerstörten Burg erbaute Dorfkirche. Der vorerwähnte runde Thurm, des Daches beraubt und von oben herab allmälig verwitternd, steht auf einem aus dem Boden wohl zwanzig bis dreißig Schuh steil aufragenden Felsen, wahrscheinlich hierzu mühsam behauen. Da sich nur in beträchtlicher Höhe eine Oeffnung befindet, so geht die Sage, daß ein jetzt verschütteter unterirdischer Gang in solchen geführt habe, die jedoch jeder Begründung entbehrt, da vielmehr der Thurm bis zur Hälfte seiner Höhe ganz Mauerwerk scheint, und erst von da an, wo sich in seiner Mitte eine Oeffnung zeigt, die nur mit Leitern erstiegen werden kann, eine steinerne Treppe aufwärts führt. Große Schätze — also erzählt die Sage weiter — befinden sich in solchem verwahrt. Vor fünfzig und mehr Jahren habe es ein Einwohner Reiffenbergs gewagt durch diesen unterirdischen Gang in den Thurm zu steigen. Eine steinerne Stiege führte ihn aufwärts zu einem hell ausgeweißten Zimmer: hier aber ward ihm die mitgenommene Leuchte plötzlich ausgeblasen, und von tiefer Nacht umgeben und von Gespenstern verfolgt, fand er nur mühsam den Rückweg. Seit damals wagt Niemand mehr den verschütteten Eingang zu suchen.

Die Aussicht von der Ruine ist sehr beschränkt, von einer Seite durch den Feldberg, von der andern durch wechselnde Höhen und bewaldete Berge, und von dieser Lage der Burg — von einem Reif von Bergen umgeben — wird ihr Name hergeleitet.

Wann der Familienname und das Schloß Reiffenberg entstanden, ist unbekannt. Will man der Angabe Humbrachts in dem bekannten Werk: „Höchste Zierde Deutschlands“, daß schon im Anfang des zehnten Jahrhunderts Wilhelm von Reiffenberg lebte, keinen Glauben schenken, so gehörten die Reiffenberger doch unbezweifelt zu den ältesten und angesehensten Rittergeschlechtern der Gegend. Urkundlich erscheint Winter von Reiffenberg und seine Hausfrau Gertrude im Jahr 1267, wo sie „in die Urbani m. et conf. dem Kloster Haina mehre Güter in Breungesheim, Eschersheim, Lindheim, Oberau, Altenstadt und Bergen schenken. Cuno von Reiffenberg, im Jahr 1277 und Cuno d. j. im Jahr 1294 waren Ziegenhainische Lehenträger der Stadt Neustadt [1]). Zum Dynastenstand gehörten sie wohl nicht, da erst Kaiser Mathias am 21. Jan. 1613 den Kaiserlichen Räth und Cämmerer Johann Heinrich von Reiffenberg — den Vater des Domherrn Philipp Ludwig von Reiffenberg, des letzten Besitzers des Schlosses Reiffenberg aus der Reiffenbergischen Familie — in den Freiherrnstand erhob [2]). Begütert waren sie, außer dem mit der Ritterfamilie von Stockheim gemeinschaftlichen, aus 12 Dorfschaften bestehenden Stockheimer Gericht und der Herrschafft Reiffenberg — welche keiner fremden Landeshoheit, selbst der Ritterschaft nicht einverleibt waren [3]), — in den Herrschaften Eppstein, Dietz, Hadamar und der Wetterau [4]).

Zwei altadliche Familien führen diesen Namen, wahrscheinlich von obengedachten Gebrüdern Winter und Cuno abstammend; die eine die Wetterauer genannt und in der letzten Zeit ihres Bestehens, allein

---

[1]) Böhmer Urkundenbuch der Reichsstadt Frankfurt. 1836. S. 142. seq. — Senkenberg selecta. T. 2 p. 74.

[2]) Beurkundete Nachrichten von der Herrschafft Reiffenberg und dem Stockheimer Gericht. Folio. 1776. Urkunde Nr. 15. S. 41. — Verfasser dieser Deduction ist der Geheimerath Moser.

[3]) Das. S. 5. und Anl. Nr. 42.

[4]) Arnoldi Miszellaneen zur Diplomatik. Marburg. 1798.

in Reiffenberg ansäßig; die andere schon seit dem dreizehnten Jahrhundert in Wettersburg und auf dem Westerwald begütert, und daher die Westerwälder oder Weller bezeichnet. Viele Gründe beweisen, daß beide eines Stammes seien, selbst das Wappen. Beide führen in silbernem Schild drei rothe, von der rechten zur linken Seite schräg abwärts laufende Balken. Auf dem Helm hat die Weller Familie zwei eben so bezeichnete Adlersflüge, die öfters auseinander gebreitet sind, zuweilen auch aufeinander liegen. Dagegen hat die Wetterauer Familie als Helmzierde zwei Eselsohren und fügte dem Schild noch eine blaue Brücke (Bank, Lambelle, Rittereisen, Tournir-Kragen) zu, letzteres öfters das Zeichen einer jüngern Linie desselben Geschlechts, beides derselben, der Sage nach, vom Kaiser verliehen, für rühmliche Vertheidigung einer Brücke, die ein Glied dieses Geschlechts, nach gefallenem Schlachtroß, auf einem Esel fortsetzte. Schon im Jahr 1280 soll letzteres Wappen im Gebrauch gewesen sein [5]). Doch führten nicht alle Glieder die Bank im Schilde, namentlich im Jahr 1428 Emmerich von Reiffenberg, dessen Siegel die Ohren auf dem Helm und in dem Schild die drei Balken ohne Brücke zeigt. Die Wetterau-Reiffenbergische Familie ist im Jahr 1686 im Mannsstamm erloschen, von der Weller ist es nicht erwiesen [6]). Aber der zwischen beiden Familien schon in der letzten Hälfte des sechszehnten Jahrhunderts begonnene Streit über die Herrschaft Reiffenberg ist auf deren Erben übergegangen.

Noch eine andere, im Anfang des sechszehnten Jahrhunderts (1522) erloschene Familie führte den Namen Rodel von Reiffenberg. Ohnerachtet sie Ganerben des Schlosses Reiffenberg waren, so waren sie doch nicht Eines Stammes mit den vorhergenannten [7]). Emmerich

---

[5]) Beurk. Nachrichten. l. c. Anl. Nr. 2. S. 42. — Darstellung des wahren Thatbestandes zur gründlichen Beurtheilung der von den Reiffenbergischen Prätendenten erhobenen Ansprüche. 1824. Seite 37—187. 192. (Verfasser ist Landwehr-Major Schott aus Coblenz, Gräflich Bassenheimischer Domänen-Verwalter.)

[6]) Das. S. 22. seq. Beurk. Nachr. S. 7. 45.

[7]) Darstellung rc. S. 1. 26. — Humbracht Stammtafeln. Tab. 291.

Rodel von Reiffenberg führte im Jahr 1394 im Wappen: zwei über einander schreitende Leoparden [8]).

Eine Geschichte dieser Familie würde die des Adels überhaupt sein, und im Mittelalter würden Fehden, Wegelagerung und alle Ereignisse des Ritterthums in bunter, oft betrübender Reihe vorüberziehen.

Auch bei diesem Geschlecht bestand der durch mehrere Stammesvergleiche bestätigte Gebrauch, daß die Töchter in den Stammgütern nicht miterbten, sondern nur ausgestattet wurden [9]).

Schon frühzeitig muß die Burg Reiffenberg gestanden haben, denn in der letzten Hälfte des zwölften Jahrhunderts soll Hatto von Reiffenberg die nicht weit von Reiffenberg entlegene Burg Hattstein erbaut haben, um seinen beiden Söhnen gleiches Erbe zu hinterlassen [10]). Cuno von Reiffenberg soll am Ende des dreizehnten Jahrhunderts alleiniger Eigenthümer der Herrschaft gewesen sein [11]). Doch war in der ersten Hälfte des folgenden Jahrhunderts das Schloß schon Eigenthum mehrer Adeligen, ein Ganerben-Haus; damals besaßen es Cuno Winther, Marcolf und Johann von Reiffenberg. Am Freitag nach Himmelfahrt 1349 verschrieb ihnen Kaiser Karl IV. zwölfhundert kleine Gulden, in zwei Terminen zahlbar, für geleistete Hülfe,

„vnd dervmbe, daß ir Hauß zu Riffinbergk vnß vnd vnße Helfern
„offen sin sol gegen Günther Graven von Schwartzenburg, vnd
„allen sinen Helffern, vnd gen Cunen von Falkenstein der sich nennet
„einen Fürmünder des Stifts zu Mentze ꝛc.“

sollten die Zahlungstermine nicht eingehalten werden,

„so geben wir ihnen vollen Gewalt, daß sie vns vnd das Reiche
„pfänden mögen, vmb als so viel Geld als vorgeschrieben steet,
„ohne allen vnsern Zorn“ [12]).

Im Jahr 1363 hatten die Ganerben von Reiffenberg Fehde mit der Stadt Limburg und erschlugen deren Hauptmann von Hatt-

---

8) Nach einem Original im Frankf. Archive.

9) Beurk. Nachr. Urkunde Nr. 60. S. 107.

10) Humbracht Stammtafeln. — Feierlein Nachträge und Berichtigungen zu Kirchner's Geschichte von Frankfurt. 1810. Thl. 2. S. 256.

11) Darstellung l. c. S. 53.

12) Beurk. Nachrichten. l. c. Anl. Nr. 12. S. 38.

stein, und im Jahr 1374 mit den benachbarten Falkensteinern. Cuno, Ritter, sein Bruder Friedrich und Cuno der ältere, sämmtlich von Reiffenberg, erstiegen damals Königstein, fingen Philipp von Falkenstein mit dem Beinamen: der Stumme, seine Gemahlin Agnes und ihre vier Kinder Philipp, Ulrich, Werner und Cuno. Philipp, der entfliehen wollte, beschädigte sich durch einen Fall von der Mauer so sehr, daß er nach acht Tagen in Reiffenberg, wohin die Gefangenen gebracht wurden, starb. Die Uebrigen mußten sich und ihre Besitzungen mit zehentausend kleiner schwerer gewogener Gulden auslösen [13]).

Hatte ein Ritter für sich selbst nichts auszufechten, so vermiethete er seine Dienste Fremden. Man findet viele von den Reiffenbergern der Stadt Frankfurt verbunden; namentlich 1380 ipsa die domenica post Andreä Apost. Cuno von Reifenberg gegen jährliche Zahlung von 32 Gulden, und 1444 feria quinta post martini Cuno von Reiffenberg, Herrn Johannes Sohn, für jährliche Zahlung von 50 Gulden, und Friedrich von Reiffenberg war 1460 frankfurtischer Amtmann im Schloß Hattstein [14]). Noch öfter waren sie der Stadt Feind. Ohnerachtet Johann und Cuno von Reiffenberg jeder eine Jahresrente von 25 Gulden von Frankfurt zu Lehen trugen, so nahmen sie doch an einer Fehde Theil, die im Jahr 1377 zwischen der Stadt Frankfurt an einem Theil und Ulrich von Cronberg, Vicedom im Rheingau, und dessen Söhnen Philipp und Frank von Cronberg, sodann Cuno von Rodenhausen und Eberhard Schellkrippen am andern Theil entstanden war. Eine Notiz im Frankfurter Archive vom 15. Juni 1377 bemerkt aus Anlaß dieser Fehde:

„Der Rad ist eynes satzes, also hernach geschrieben steet vber-„kommen. Wer der stade Fiende eynen fahet der eyn Hauptmann „ist, mit Namen Herr Ulrichen von Cronenberg oder Herr Philipse „oder Franken sin sone oder ...... von Riffenberg oder Henne „von Riffenberg oder Cuno von Radinhusen oder Ebirharten von „Schelkryppen, dem vil der Rad von der stade wegen hundirt Gulden

---

[13]) Limburger Chronick. Wetzlar 1720. S. 45 und 71. Nach jetzigem Geld würde die Auslösungssumme $7276\frac{518}{1000}$ Ducaten betragen.

[14]) Urkunde im Frankf. Archive.

„geben, wer aber eynen der vff syme eygen Hengiste sitzet, fahet, „der nit eyn Hauptmannn ist, dem vil der Rad zehin Gulden „geben, wer aber eyn gewapente reisige Knecht fahet, dem vil der „rad vier Gulden geben, vnd wer einen armen man fahet, den „vil der Rad ... Gulden geben. Datum anno dmi MCCCLXXVII. „domenica die ante modesti" [15]).

Auch die Ritter-Gesellschaft mit dem Löwen [16]), deren Hauptmann in dem Niederland Johann von Reiffenberg war, nahm zu dessen Gunsten Theil daran, und sendete am 16. August 1380 den folgenden Absagbrief nach Frankfurt:

„Wissent ir die Burgermaistr Rat und Bürger der Stat zu „Frankenfurt, solich Gebot und Begerunge als vnß gnediger Hre „der Romsche Kunig begert vnd geboten hat, euch an ainem tail „vnd Ulrich von Kronenberg Vitzdum in dem Ringow vnd Franken „sine sun an dem andern tail, vnd ir dez vzgangen sint, alß sie „daz wol hoffen kuntlich zu machen, vnd vmb daz Unrecht daz ir „vnd die Vwern getan hant an Johan von Riffenberg Hoptmann „der Gesellschaft mit dem Lewen in Niederland vnd Walther „von Kronenberg, Cune von Riffenberg Ritter vnd groff Cune von „Riffenberg ein Edelknecht vnd den iren vnd sie darvmb rechtz „gemant an vns zu ..... oder an ..... oder an fünfen „ge ..... nach altem Herkommen, vnd in daz nit von vch „widerfaren mag, wenn sie nun vnße Gesellen sine in dem Lewen, „vnd wie si von Gesellschaft wegen nit gelazzen mügen, wir „müssen inen beholfen sin zu dem rechten, hervmb so wollen wir „Frank Heinrich von Montfort Hre zu Tetnang, Ulrich Grave zu „Würtemberg, Kunz der Gesellschafft mit dem Lewen zu Swaben, „Lutringen zu Elsaz, zu Franken, vnd Ulrich von Hohenloch, Ott „von Hachberg, Markgrave Hans von Hachberg, Grave Friedrich

---

[15]) Urkunde im Frankf. Archive.

[16]) Diese Gesellschaft ward in Wiesbaden errichtet und ihr Stiftungsbrief ist datirt: „den nehsten Dornstag vor St. Galli 1379. abgedruckt in Herzogs Elsassischer Chronick. Buch 2. Cap. 43. — Winkelmann Beschr. von Hessen. Thl. 2. S. 342. Sie ward auch „die Gesellschaft mit dem grimmichen Löwen" genannt.

„von hohen Zollern, Grave Dag . . . . von Zollern, der Swarz Grave von
„Zoller, Grave Fridrich von Zoller, Grave Mulm von Zollern, Rudolf
„Herre zu Kyburg vnd die Gesellschaft gemeinlich, Heren Ritter vnd
„Knechte, alz wir jetzo vff dem Veld sien, vser Find sin, vnd vnße ere
„daran bewart han, vnd daz zu Urkund, so haben wir die obgenant
„Grave Heinrich von Montfort vnd Ulrich Grafe zu Wirtenberg
„vnß aigen Insigel vnd vnße Geselschaft gemeinliche . . . . wegen.
„der Brief ist geben zu Hergartshuß uff dem Veld am Dornstag
„nach vnße Frauwentag assumtion do man zalt von Gots Geburt
„dreizehen hundert Jar vnd darnach in dem Achtzigesten Jare.

ferner:

„von vns Graf Hugen von Hailgenberg, Herzog Lüne von
„Tegk, Graf Hans von Wirtenberg den jungen vnd Graf Fried-
„rich von Helfenstain

„Die von Frankenfurt, wir lazzen vch vissen, datz wir zu disen
„Zyten mit vnßen . . . . . Graf Ulrich von Wirtenberg uff den
„Veld sin wir vnd vnße diener die jetz Zumal mit vnß vff den
„Veld sint, vnd wollen damit wir vnd vnße Diener vnser Ere
„geyn In besorget han. Vsigelt mit vnße aller Haizzen mit Graf
„Hugen von Heiligenberg Insigel, wan wir die vnße nit by vns
„hetten.[17]

Indessen hatte schon am 4. August 1380 der Erzbischof Adolph von Mainz einen Vergleich zwischen der Stadt Frankfurt und „allen von Cronenberg, allen von Reiffenberg vnd allen ihren Helfern, vnd allen die in der Vehde begriffen sind" dahin vermittelt, daß sie binnen bestimmter Zeit Schiedsrichter zu Entscheidung der Sache wählen sollten, und wurde angefügt, daß der, welcher sich dieser nicht unterwerfen wollte, sollte sechstausend Gulden Strafe geben

„oder solte zwölf Knechte vnd zwölf Pferde zu Mentze in eine
„offne Herberge, da sie von der andern Parthie ingewiset werden,
„in Gisellschaft funden, und drynen eine . . . halden, als lange

[17]) Nach den Original-Urkunden im Frankfurter Archiv. Das Dorf, wo diese Urkunden ausgestellt sind, ist wahrscheinlich Hergertshausen im Großherzogthum Hessen, Fürstenthum Starkenburg.

„bis daß sie der andern Parthie die sechstausend Gulden gentz-„lichen und wol bezalet hedten."

Die Fehde ward am 12. Nov. 1380, unter Vermittlung des Erzbischofs Adolph von Mainz, durch Schiedsrichter — von Seiten der Kronberger und Reiffenberger waren solche: Gerhard von Ufftersheim und Tielemann von Michelbach, von Frankfurt Meister Heimann von Orba und Meister Niclas von Mylwer — beigelegt und verfügt, daß Frankfurt das Lehen des Johann von Reiffenberg von 25 Gulden auf 50 Gulden jährlich erhöhen und jenes des Cuno von Reiffenberg von 25 Gulden mit sieben Gulden jährlich vermehren sollte [18]) doch dauerte die Fehde mit der Gesellschaft vom Löwen noch fort, weßhalb Kaiser Wenzel beide Theile nach Mergentheim vorladete, wo jedoch die Könige mit dem Löwen nicht erschienen, wie eine Urkunde dieses Kaisers von Donnerstag vor Maria Magdalenentag 1381 zeigt. [19])

Im Jahr 1384 secunda feria proxima ante nativitatem gloriose virginis Marie (6. Sept.) errichten die Ganerben des Schlosses Reiffenberg einen Burgfrieden. Als solche erschienen: Eberhard Weyße, Burggraf zu Friedberg, Craft von Hatzfeld, Johann und Cuno Kämmerer, Gebrüder, Johann von Sannecke, Hans von Hirtzhorn, Markolf von Cleeberg, Walter von Cronberg, Johann und Gottfried von Stockheim, Gebrüder, Philipps von Cronberg, Friedrich von Reiffenberg und Johann von Reiffenberg, sämmtlich Ritter, Cuno Rodel von Reiffenberg, Johann von Scharpenstein, Gerhard von Hustirsheim, Cuno von Reiffenberg, der älteste, Emmerich Rodel, der älteste, Emmerich Rodel der jüngste von Reiffenberg, Dymar von Rifenberg, Gottfried von Löwenstein, Brendel von Hönberg, Craft und Guntram, Gebrüder von Hatzfeld, Emmerich und Henne von Reiffenberg, Henne und Dymar von Langenau, Lotzeger von Ottenstein, Contzmann Galler Bruno von Scharpenstein, Conrad von Cleeberg und Heinrich Sure von Katzenelnbogen, sämmtlich Edelknechte.

Im Fall zwischen einem und dem andern Ganerben Streit entsteht, sollen sieben von den Baumeistern gewählte Schiedsrichter

---

[18]) Senkenberg selecta. Thl. VI. S, 613.

[19]) Urkunde. Senkenbergische Sammlung rarer Urkunden. Thl. 1. S. 8

die Sache entscheiden; wer das Gericht (der Entscheidung) hindert, zahlt binnen Jahresfrist fünfzig Gulden in die Baukasse des Schlosses oder verliert sein Recht am Schloß; kein Feind eines Ganerben soll Aufenthalt im Schloß haben, verabreden sie. [20])

Wie wandelbar der Besitz oder vielmehr das Recht, sich eines solchen Schlosses in allenfallsigen Fehden zu bedienen, war, ergeben Namen derer, die im Jahr 1400, also nur sechzehn Jahre später, als Ganerben des Schlosses Reiffenberg genannt werden. Es waren: Johann von Reiffenberg, Walter von Cronberg, Johann von Stockheim, Johann von Waldeck, Eberhard Weis von Feuerbach, Cuno von Reiffenberg, Friedrich von Reiffenberg, Frank von Cronberg, Gottfried von Stockheim, Johann Zemelin von Cobern, Emmerich von Reiffenberg, Lutz von Ottenstein, Emmerich Rodel von Reiffenberg, Henne von Cleen, Henrich Sure von Katzenelnbogen, Otto Kämmerer von Dalberg, Eppchen von Cleen, Heinrich Gräffebache, Conrad von Frondorf, Heinrich von Lindau, Dietrich Specht von Bubenheim, Heinrich von Elkerhausen, Cuno von Reiffenberg der jüngere, Georg Brendel von Hönberg, Hartmann von Buches der jüngere; Dann von Prunheim, Heinrich von Nassau der jüngere, Markolf Rodel von Reiffenberg.

Später 1457 waren die von Walbrunn, 1480 die von Bellersheim, von Hattstein und von Bach, und 1515 Johann von Breidenstein unter den Ganerben. Sie waren in der Mitte des fünfzehnten Jahrhunderts in drei Theile, die vom Stamm oder Schild Reiffenberg, die aus der Wetterau und die von der Lahn geschieden. Das Eigenthum des Schlosses Reiffenberg, wenigstens dessen Benutzung in Fehdezeiten, war unter diesen verschiedenen Familien vertheilt. Manche derselben waren auch mit eigenen Wohnungen im Schloß und dessen Bezirk angesessen, mehrere mit Reifenbergschen Töchtern verheirathet [21]).

Wie viele der Ganerben von 1384 erschienen 1400 nicht mehr und an ihrer Stelle wie viele Andere; durch jährlich wechselnde Baumeister wurde das gemeinschaftliche Interesse im Bezug auf das

---

[20]) Beurkundete Nachrichten rc. l. c. Anlage Nr.

[21]) Arnoldi l. c. Darstellung rc. S. 24.

ganerbschaftliche Besitzthum besorgt. Im Jahr 1419 waren solches Emmerich und Cuno, und im Jahr 1458 Henne und Friedrich von Reiffenberg. [22])

Emmerich Rodel von Reiffenberg (ein Ganerbe des Schlosses) hatte Ansprüche an Frankfurt und verglich sich wegen solcher. Er quittirt: feria sexta ante Barthol: Apost. 1394 (22. August), daß er

„vmb solich Ansprache als ich vnd Cuno itzund myn Bruder „gehabt han an den von Frankfurd von Cuno etzwan myns Stiff-„bruders wegin, den ir diener tod schlugen vnd auch vmb schaden „als sie vnd die iren vns vortziden als man vor Hatzstein zog „schedigten“

hundert zehn Gulden erhalten habe. Er verbindet sich zugleich der Stadt, nicht gegen sie zu dienen. Sollte er das Verbündniß aufsagen, so muß er fünfzig Gulden zurückzahlen. [23])

Walther von Reiffenberg trieb auf Mittwoch vor St. Kilian (7. Juli) 1406 den Frankfurtern zwei und zwanzig Hämmel weg und beraubte die Meßkaufleute; Philipp von Reiffenberg ward am Freitag nach St. Lucas-Tag (24. Oct.) 1410 der Stadt Feind, und der Bewarbrief dem Bürgermeister den 26. Oct. zugestellt. Im Jahr 1411 überfiel er zwei Bürger aus Frankfurt, die in eigenen Geschäften ritten, bei Cloppenheim und nahm ihnen das Ihrige, bei welcher Gelegenheit ein Pferd derselben durch den Hals geschossen wurde. Zu gleicher Zeit nahm er zwischen Dortelweil und Gronau zwei Einwohner aus ersterem Ort gefangen, beraubte und schätzte sie. In Gronau verbrannte er das Frankfurter Eigenthum, und nahm vor der Stadt selbst Schafe und Hämmel weg, angeblich sechshundert Stück. Die Stadt vergalt es ihm möglichst und nahm ihm 1412 drei Pferde und Knechte gefangen. Ebenso trieben der Stadt Diener sexto sabbato post vincla Petri 1413 von Reiffenberg acht und siebenzig Kühe und ein und dreissig Ziegen weg. Die Stadt versprach Rückgabe, wenn man den bei Cloppenheim gefangenen Gärtner befreien und den zugefügten Schaden ersetzen werde. [24])

---

[22]) Urkunden.

[23]) Deßgleichen.

[24]) Deßgleichen.

Eine andere Fehde machte die Sache noch verwickelter. Der Stadt Frankfurt Söldner hatten, als Helfer der Stadt Friedberg gegen die Gebrüder Emmerich, Marsilius und Walther von Reiffenberg, vor Ostern 1413 diesen einen Knecht, einen Knaben, eine Armbrust und was dazu gehört, genommen und den Friedbergern übergeben; auch mehreres Vieh von Reiffenberg weggetrieben, welches letztere die Reiffenberger mit vier und sechzig Gulden auslösten. In einem Beschwerdeschreiben derselben an den Kaiser Sigismund vom 1. Febr. 1415 erzählen sie den Vorgang also:

„....... Auch gnediger Hre ist ein kirchmesse jerlich by „vns gelegen genant vff dem Selderberge, darvff ist Bechtram von „Velvil der von Frankfurt Hauptmann mit iren Bürgern vnd „Dienern kommen vff den andern Tag nach der Kirchmesse, als „wir daz nennen vff den Waltztag, vffsezlich vnd auch der von „Fridebg diener mit ym, vnd hat Bechtram yr Bannyr mit yme „gehabt vnd ist damide abgetreden mit yre schützen und dienern „vnd hat vns vnßern son vnd knecht vß einer gewyten Kirchen zu „Gefängniß bracht vnd hinweglassen globen den von Fridbg iren „dienern vnd sin der von Fridbg diener desselben nachts nach der „Dait in der von Frankfurt sloiße gen Bonemese gereden vnd da blieben „vnd sin da gehalden ober nacht, alles in guden Glauben an „Fehede vnd vnverdienet. Auch gnedigr Herre so hat Bechtram „ir Hauptman ir Burger, Süldener und Diener für vnß slosse „Riffinberg gerant vnd vns vnd den vnßern Küwe vnd Fehe gnom„men vß und ynne Frankfurt vnd die vnße getrungen, daz sie iz „vor vier vnd sechtzig Gulden müßen losen, auch widder ere und „rechte on Fehede vnd an allerley schrifte oder Bewarunge an „vns oder vnß Ganerbin.

Da Frankfurt die Herausgabe der Gefangenen und der Beute verweigerte, weil sie als Helfer der Friedberger gehandelt hätten, so erschienen feria tercia post festum nativitatis beate marie virginis (6. Sept.) 1413 zwischen ein und zwei Uhr Mittags Emmerich, Marsilius und Walther von Reiffenberg, Gebrüder, vor Frankfurt und trieben dreihundert Schweine, meßbesuchenden Kaufleuten gehörig, sodann den Bürgern hundert neun und dreißig Kühe und hundert Hämmel weg,

„vnd ist daz gescheen vff Riffenberg vnd widder darin."

Der Fehdebrief, vom vorhergehenden Tage ausgestellt, wurde erst am Tage des Ueberfalls, nach drei Uhr Mittags gebracht. Er ist von Emmerich, Marsilius, Walther, Gebrüdern von Reiffenberg, Hartmuth von Wyssenbach, Arnold von Westerburg, Johann von Schuppenstein, genannt Brune, ausgestellt.

Die Stadt Frankfurt, welche diese Fehde gern beigelegt gesehen hätte, schrieb Ende September 1413 nach Friedberg und verlangte Loslassung der auf dem Selderberg bei Reiffenberg gemachten Gefangenen, Friedberg lehnte solches ab, weil es ihre Feinde seien und weil namentlich einer derselben

„Contzchin von Elvinstadt selbis mit der hant in des heilgen
„richs slosse by vns by nacht füer geschossen"

Auch die Reiffenberger schrieben gegen Ende des Jahres 1413 sich über Frankfurt beschwerend:

„den edlen strengen vnd festen den Herrn und dem Könige vnd
„Gesellen gemeiniglich der Geselschaft mit dem Esel",

welches Frankfurt am 3. Dez. 1413 als ungegründet darstellte.

Zu Gunsten der Reiffenberger nahmen mehrere an der Fehde, am 30. Nov. 1413 Theil: Ludwig Sondeg, Emmerich von Hatzstein, Hartmuth von Kremoldstein und Johann von Holzhausen; auf Neujahr 1414 Wilhelm Graf von Wied und Johann von Wied, Gebrüder; auf Marie Himmelfahrt Salewyn Jungheer zu Ysenburg und am 17. Febr. 1415 Wilhelm Herr zu Reichenstein.

Schon am 9. Jan. 1414 hatte Frankfurt ein Schreiben an die Ganerben in Reiffenberg, namentlich an Cuno den ältern, Cuno den jüngern, Gebrüder, Emmelrich, Henne, Emmelrich, Cuno, Gottfried, Gebrüder, Friedrich, Marsilius, Adolph, Gebrüder, alle von Reiffenberg

„vnd anders yr die Baumeister vnd alle Ganerben gemeiniglich
„des sloßes zu Riffenberg"

erlassen, dieselben benachrichtigt, Emmerich, Marsilius und Walther von Reiffenberg hätten der Stadt abgesagt und angefügt: sollten sie mit diesen etwas gemein haben und deshalb Schaden erleiden, so wolle die Stadt ihre Ehre bewahrt haben. Gleichen Brief erließ die Stadt Friedberg feria tercia proxima post dominicam cantate

(9. Mai) 1314. Die übrigen Ganerben nahmen keinen Theil an der Sache, und dem Henne von Reiffenberg wurden darum im August 1413 fünf Kühe, zwei Ochsen und ein Kalb unentgeldlich wieder verabfolgt, die ihm genommen waren.

Beschwerlich war auch den Reiffenbergern die Fehde, darum erließen sie nicht nur schon am 7. Dez. 1413 eine deßfalsige Denkschrift an viele Fürsten und Herrn, welche Frankfurt am 20. Januar 1414 beantwortete, sondern sie wendeten sich auch am 1. Febr. 1415 — wie bereits angeführt ist — an den Kaiser sich darüber beschwerend, daß Frankfurt der Stadt Friedberg gegen sie, Beistand leiste. Auch der Rath in Frankfurt hatte einen Boten an den sich damals in Constanz aufhaltenden Kaiser Siegmund gesendet, und dieser schrieb am ersten Freitag nach Sanct Antonientag 1415 ernstlich an die Reiffenberger, denen er besonders vorwirft, der Stadt erst das Vieh genommen und nachher den Fehdebrief gesendet und sich in einem Vergleichstermin in Mainz nicht verglichen zu haben. Er bescheidet zugleich beide Theile vor sich nach Constanz:

„Vff den Mondag nach dem Sondage Reminiscere in der Fasten.“

Aber diesen Tag lehnen die Reiffenberger ab und bitten den Kaiser, einen solchen in Höchst, Mainz, Eltvil oder Cronberg zu halten.

Ein um Ostern 1415 in Mainz versuchter Vergleich kam nicht zu Stande, und die Reiffenberger schienen hierzu wenig geneigt, da sie sogar, während eines von dem Erzbischof zu Mainz vermittelten Waffenstillstandes, am 25. März einen Helfer der Stadt, Henne Wene von Eichen, bei Kelsterbach gefangen nahmen. Noch im Jahr 1418 dauerte dieser Streit. Freitag vor Albani (17. Juni) nahmen die Friedberger vor dem Schloß Reiffenberg einem Usinger Einwohner, dem Kalbenwirth, der Sand auf das Schloß fuhr, zwei Pferde weg und machten den Knecht zum Gefangenen; doch wurden solche auf Verwenden des Raths in Usingen frei gegeben. Auch dem Cuno von Reiffenberg ward ein Knecht, Pferd und Geschirr genommen, und Frankfurt klagte in demselben Jahr gegen die Reiffenberger bei dem Kaiserlichen Hofgericht in Constanz, das auch Ladung erließ.

Am 7. April 1419 wurde diese Fehde endlich durch den Erzbischof von Mainz in Hanau gesühnt und dahin verglichen, daß die

Gefangenen beiderseits losgelassen wurden, und daß kein Theil die Fehde erneuern sollte, ohne ein ganzes Jahr vorher

„in irem offen versigelten Brieffe, die Fürwort vffgesagt zu haben.“

Um dieselbe Zeit hatte Friedrich von Reiffenberg, genannt von Eschbach, Jürgen, des Schultheißen Sohn von Niedererlenbach, fangen und ihn in der Höhe (dem Heutzutage sogenannten Taunus, in welchem Reiffenberg liegt) an einen Baum binden helfen,

„vnd mit Maße (Moos) vnd fuß tun verstoppen, daz er dot blieb.“

Auch raubte er den Leuten ihr Vieh, das er jedoch wieder herausgeben mußte [25]).

Im Jahr 1419 fingen die Frankfurter Friedrich von Reiffenberg „den man nennet Lanze.“ Am 20. Sept. ward die Sache verglichen. Friedrich von Reiffenberg „den man nennet Eschbach“, Henne von Reiffenberg genannt Far, Jeckel von Reiffenberg und Henne von Reiffenberg genannt Lechenne seine Brüder stellten an diesem Tage eine Urkunde aus, in welcher obgedachter Fridrich allen Ansprüchen an Frankfurt der Fehde und seines Gefängnisses wegen entsagt. Auch Fridrich, Marsilius und Adolph, Gebrüder, Fridrich von Reiffenbergs seel. Söhne, entsagen an demselben Tage allen Ansprüchen an Frankfurt [26]).

Philipp von Reiffenberg machte schon seit Ende des vierzehnten Jahrhunderts Ansprüche an Frankfurt, wegen eines ihm bei einem Zug der Stadt vor das Schloß Hattstein zugefügten Schaden in dem Dorfe Arnoldshain, wo deren Söldner Kirche und Schule verbrannt, einen Einwohner erschlagen, und alles geraubt hätten. Er schlug den erlittenen Schaden auf sechshundert Gulden an. Seit damals waren beständige Mißhelligkeiten zwischen ihm und der Stadt Frankfurt. Am 6. Februar 1420 vermittelte Wigand von Buches, Amtmann zu Eppstein, einen Waffenstillstand zwischen beiden bis zum ersten Fastensonntage, und Donnerstag vor St. Egidientag (29.

---

[25]) Das seit voriger Note angeführte beruht auf Notizen und Urkunden im Frankfurter Archive.

[26]) Die Original-Urkunden im Archiv zu Frankfurt. Abgedruckt bei Senkenberg sel. Thl. II. St 74.

August) war unter dessen Verwendung ein gütlicher Tag, der zu einem Vergleich führte, in dessen Folge Philipp von Reiffenberg am 21. Sept. 1420 eine Urkunde ausstellte, in der er allen Ansprüchen an Frankfurt entsagte und das Versprechen anfügt binnen zwei Jahren nichts gegen die Stadt zu unternehmen [27]).

Am Michelstag 1425 nahm Marsilius von Reiffenberg, Amtmann zu Hofheim, den Frankfurter Metzgern ihre Schaafe zu Heidersheim, Criftel und Sindlingen, und antwortete, da man sie zurückforderte; sie seien alle geschlachtet. Dietrich von Hattstein und Adolph von Reiffenberg und „etzliche vnßer Frauwen von Nassau Diener" berannten im Jahr 1428 das Frankfurtische Schloß Bonames, trieben dort die Schweine und vor Frankfurt die Schaafe aus dem Pferch weg. [28]).

Am 3. August 1437 eroberten Conrad, Erzbischof von Mainz, Diether von Isenburg, Herr zu Büdingen, die Stadt Frankfurt, Adam von Allendorf, Johann Bos von Waldeck der alte und Wilhelm Staffel der alte, das nur eine halbe Stunde von Reiffenberg gelegene Schloß Hattstein, und behielten es in gemeinschaftlichem Besitz. Ungelegen war den Reiffenbergern diese Nähe. Oefters z. B. in den Jahren 1433, 1434, 1435, 1442, 1446 versuchten sie, doch vergebens, dessen Eroberung mit List [29]).

Im Jahr 1437 überfiel Rüter von Reiffenberg das dem Kloster Arnsburg gehörige Dorf Wickstadt, und trieb 600 Schafe weg. [30])

Erzbischof Dietrich von Mainz schloß am Sontag Invocavit (10. März) 1443 mit den Ganerben des Schlosses Reiffenberg einen Oeffnungsvertrag ab, und erwarb gegen Zahlung von 1000 Gulden und jährliche Entrichtung von 100 Gulden das Recht, sich des Schlosses, so lang er lebte, in seinen Kriegen zu bedienen und solches zu besetzen. Aehnlichen Vertrag schloß Landgraf Ludwig von Hessen

---

[27]) Die Original-Urkunden im Archiv zu Frankfurt. — Senkenberg l. c. S. 71.

[28]) Urkunden.

[29]) Deßgleichen.

[30]) Schmidt Geschichte des Großherzogthums Hessen. Giesen 1819. Thl. 2. S. 151.

mit den Ganerben am Sonntag nach St. Valentinstag 1449 ab. Er zahlte 166 Gulden, und dafür ward ihm der Gebrauch des Schlosses Reiffenberg in seinem Krieg gegen den Bischof von Würzburg eingeräumt. [31])

In eben diesem Jahre 1449 auf St. Vincenstag (24. Mai) berauben Henne Rodel und Emmerich, Emmerich seel. Sohn, beide von Reiffenberg, Sifrid von Glauburg und ihre Mitritter, aus dem Schloß Reiffenberg mehrere Kaufleute auf der Straße, wo Herrn Eberhard von Eppstein, Herrn zu Königstein, das Geleite zustand; dieser jagte ihnen die Beute ab, machte Emmerich von Dietsch gefangen, und trieb die übrigen in das Schloß zu Wehrheim. Es kam zur Fehde. Emmerich von Reiffenberg kündigte dem Eppsteiner die Lehen auf. Auf Dorotheentag (19. Sept.) nahmen Henne Rodel und Emmerich von Reiffenberg und Sifrid Glauburg den Königsteinern vor Königstein, Wagen und Pferde, fingen Bürger und Knechte und plünderten. Den folgenden Sonntag thaten sie gleiches in dem Dorf Rode, welches sie verbrannten. Dieß alles geschah aus dem Schloß Reiffenberg [32]).

Die Sache ward später vertragen und gab Veranlassung, daß die Ganerben von Reiffenberg mit Herr Eberhard von Eppstein, Herrn zu Königstein, am Sonntag nach Johanni im Sommer 1452 einen Vertrag schließen, nach welchen Irrungen zwischen ihnen hinführo gütlich ausgeglichen werden sollen [33]).

Durch einen Vertrag vom Mittwoch nach Sonntag Oculi (7. März) 1453 setzten die Ganerben fest, daß aus den damals blühenden beiden Stämmen von Reiffenberg, aus jedem der Aelteste die Lehen empfangen, daß kein Ganerbe, der seinen Theil an dem Schloß verläßt, denselben ohne gemeinsame Einstimmung Aller wieder erhalten, und daß jeder, der mit einem dritten zur Fehde kommt, sein Theil an Lehen und sonstigen Gemeinschaften einem oder mehreren Reiffenbergern versetzen soll, damit die Andern deßhalb nicht zu Schaden kommen [34]).

---

[31]) Beurk. Nachrichten. l. c. Anl. Nr. 16 und Nr. 18.

[32]) Urkunden.

[33]) Beurk. N. Anl. Nr. 20.

[34]) Deßgleichen Anl. Nr. 6.

In einer Fehde, welche Landgraf Ludwig I. der Friedfertige, von Hessen mit Hans und Engelbert von Rodenstein, Hans von Cronberg, Emmerich von Reiffenberg, Carl Schelm von Bergen, und Hamman Echter im Jahr 1453 hatte, und woran auch Schultheis und Gemeinde von Reiffenberg Theil nahmen, durchzogen Hessische Söldner zerstörend die Gegend [35]).

Sämmtliche Ganerben des Schlosses Reiffenberg bestätigen am Dienstag nach Sonntag Judica (5. April) 1457 den frühern Burgfrieden, und erweitern ihn noch dahin, daß von jedem Stamm der Ganerben Schiedsrichter erwählt werden sollten, welchen die Macht ertheilt wird, Streitigkeiten zwischen den Ganerben zu entscheiden. Der Stamm vom Schild soll zwei, der Stamm von der Wetterau gleichfalls zwei, der Stamm von der Lahn einen und die gemeinen Ganerben sollen drei Schiedsrichter wählen. Die Ausfertigung des Burgfriedens,

„vnd andere vnsers Sloß hefftige Verschribunge,"

sollen in dem deutschen Haus in Frankfurt verwahrlich niedergelegt werden und mit drei Schlüsseln verwahrt sein, deren einen die beiden Stämme vom Schild, der von der Wetterau den andern, und der von der Lahn den dritten haben sollen,

„den gemeynen Ganerben damyt zu gewarten, so dyck noyt ist" [36]).

Erzbischof Diether von Mainz erweiterte auf Sonntag vor Matthäustag (20. Sept.) 1461 den im Jahr 1443 mit den Ganerben abgeschlossenen Oeffnungsvertrag auf ewige Zeiten, und am Dinstag nach St. Lucastag (18. Oct.) 1468 öffnen die Ganerben das Schloß Reiffenberg dem Pfalzgrafen Fridrich Herzog in Baiern auf Lebzeiten. In Kriegszeiten müssen beide sechs gewappnete Schützen, und bei drohender Gefahr Büchsenmeister, Geschütz und Proviant rc. senden [37]).

Walther von Reiffenberg hatte im Jahr 1467 Fehde mit Kur-Mainz und erstieg am 12. Mai, das Mainz und Frankfurt gemein-

---

[35]) Winkelmann Beschr. von Hessen. Bd. 2. S. 388.

[36]) Beurk. N. Anl. Nr. 4.

[37]) Deßgleichen Anl. Nr. 17 und 19.

schaftlich gehörende, zerfallene und beinahe wehrlose Schloß Hattstein und zerstörte solches [38]).

Auch an gemeinen Reichslasten müssen die Reiffenberger Theil nehmen. Kaiser Fridrich lädt im Jahr 1489 Baumeister, Burgmannen und Ganerben schriftlich ein, um auf den heiligen Dreikönigstag auf dem Reichstag in Speier zu erscheinen, um wegen des Französischen und Ungarischen feindlichen Einfalls Rath zu pflegen; und am 15. Oct. 1492 wird der Matricular-Anschlag der Reiffenberger zu diesem Kriege auf vier zu Pferd und zehen Wochen lang für jedes Pferd auf 20 Gulden bestimmt; außerdem soll von jeder Feuerstelle im Dorf, ein Orth (ein Viertel Gulden) erhoben werden [39]). Auch der am Mittwoch nach Marie Geburt (den 12. Sept.) 1492 abgeschlossenen Vereinigung der acht Wetterauschen Schlösser: Friedberg, Gelnhausen, Cronberg, Lintheim, Falkenstein, Dorheim und Staden, trat Reiffenberg bei. Erhaltung des Friedens und der Ordnung war Zweck dieses Bündnisses [40]).

Johann von Breidenstein, Ganerbe zu Reiffenberg war um das Jahr 1515 des Kurfürsten von der Pfalz Feind geworden, und hatte in der Meinung, daß es Pfälzisches Gut sei, auf der Hessischen Straße und im Hessischen Geleite 200 Ochsen genommen. Als er nun wegen dieses Landfriedensbruches als Hessischer Landsasse und Lehnsmann gestraft werden sollte, wurde er, und hierauf auch sein Genosse Johann Weise von Fauerbach, der Landgrafschaft Feind und beschädigte die in der Umgegend von Reiffenberg gelegenen Hessischen Besitzungen von Reiffenberg aus, welches Mainz durch Hinsendung von Büchsenmeistern und Fußknechten nach dem Vertrag von 1443 zu ihrer Unterstützung verstärkte. So fiel Johann von Breidenstein in den Wald vor Homburg an der Höhe und führte den Bürgern ihre Kühe fort; zwar widersetzten sich die Bürger, sie wurden aber mit einem Verluste von drei Todten zurückgeschlagen. Da der Landgraf hierauf etliche Reuter in die Herrschaft Eppstein, nach Rüssels-

---

38) Urkunden.

39) Beurk. N. Anl. Nr. 31 und 32.

40) Deßgleichen. Anlage Nr. 7.

heim und Rosbach schickte, um die Straßen zu schützen, so entspann sich zwischen Mainz und Hessen eine Fehde, die erst im August 1518 beigelegt ward. [41]). In der Sickingischen Fehde waren die Ganerben von Reiffenberg mit Franz von Sickingen verbündet, ohnerachtet der Kaiser Maximilian sie auf den 2. Juli 1517 nach Friedberg hatte vorladen lassen, um

„mit Euch vnd andern Ganerben, die mir auch dahin bescheiten
„haben, von vnßen wegen handeln zu lassen, antreffendt Frann-
„ciscus der sich nennt von Sigkingen, vnd die Hilff so im bisher
„wider des heiligen Reichs verwandten bescheen ist" [42]).

Auch in diesem Krieg überzogen Hessische Kriegsvölker die Gegend Reiffenbergs feindlich.

Das Wappen der Ganerben war der Ritter St. Georg zu Pferd mit dem Drachen, mit einem kleinen Schild vor sich, worin drei Balken von der rechten zur linken Seite gezogen sind [43]).

Allmälig löste sich der ganerbschaftliche Verband auf. Der Landfriede nahm den Burgen ihren Werth, und zu Ende des sechzehnten Jahrhunderts waren von allen frühern Ganerben Reiffenbergs nur noch die daselbst wohnenden Herrn von Reiffenberg, Wetterauer Stammes, als Eigenthümer übrig [44]). Doch besaß die Weller-Reiffenbergische Familie noch einen Theil des Stockheimer Gerichts, welchen Fridrich von Reiffenberg am Freitag nach Egidientag 1466 von Philipp von Stockheim für zwanzig Gulden erkauft hatte [45]), und einen weitern Antheil desselben Gerichts durch Fridrich von Reiffenberg von Marquard von Stockheim in der letzten Hälfte des sechzehnten Jahrhunderts für zwanzig Gulden erworben. Noch kaufte der bekannte Oberst Fridrich von Reiffenberg, Weller-Linie, im

---

41) Landau: die hessischen Ritterburgen. Cassel 1836. Thl. 3. S. 265.

42) Beurk. N. Anl. Nr. 14. — Teuthorn Geschichte der Hessen. Bd. VII. S. 746.

43) Deßgleichen. Anl. Nr. 3.

44) Darstellung 2c. S. 25.

45) Deßgleichen. S. 154. 173. 178.

Jahr 1562 in dem Flecken Reiffenberg von Brendel von Hönberg ein Haus für zwölfhundert Gulden [46]).

In älterer Zeit scheint die Frage: Ob die Wetterauer und Westerwälder Familie von Reiffenberg eines Stammes seien, nicht zur Sprache gekommen zu sein. Damals war das Verhältniß, welches es auch war, nicht zweifelhaft. Erst neuerdings bestreiten die Erben des Domherrn Philipp Ludwig von Reiffenberg, des letzten der Wetterauer Familie, dieses der Weller-Reiffenbergschen Familie, welche noch dermalen in der sogenannten Buttgenbacher Linie im Luxenburgschen blüht, die jedoch gerade auf diese Stammverwandtschaft ihre Erbansprüche gründet. Nach der letztern Behauptung soll Cuno von Reiffenberg im Anfang des vierzehnten Jahrhunderts der gemeinschaftliche Stammvater gewesen sein und die Herrschaft unter

---

[46]) Deßgleichen S. 72. 178. — Ein merkwürdiger Mann war dieser Oberst Friedrich von Reiffenberg. Im Laufe weniger Monate diente er dem Kaiser, den Engländern, den Hessen, den Franzosen. Zuerst diente er Carl V. ging aber 1545 mit einigen in Sachsen geworbenen Regimentern nach England, trat hierauf mit seinen Truppen in Dienste des Schmalkaldischen Bundes und erhielt den Befehl, dem Grafen von Beuren, der mit einigen Truppen aus den Niederlanden zu den Kaiserlichen ziehen wollte, den Uebergang über den Rhein zu wehren. Nachdem es solchem gelungen war, mit Hülfe des Kurfürsten von Mainz, über den Fluß zu setzen, verband sich Reiffenberg mit dem Landgrafen von Hessen, ward aber nach der Schlacht von Mühlberg von dem Kaiser in die Acht erklärt, und ein Preis von 4000 Gulden auf seinen Kopf gesetzt. Er ging daher 1548 nach der Schweiz, von wo ihn der König von Frankreich in seine Dienste rief. Hierauf stürmte er den 19. Mai 1552 unter Oberbefehl des Kurfürsten Moritz von Sachsen und des jungen Landgrafen von Hessen den Ehrenberger Engpaß in Tyrol, wo der Kaiser kaum der Gefangenschaft entging. Doch im Augenblick des Siegs fängt er wegen rückständiger Soldzahlung mit seinem Regimente Meuterei an. Späterhin setzte er, ohnerachtet des Passauer Friedens, mit dem Markgrafen Albrecht von Brandenburg-Culmbach die Belagerung der Reichsstadt Frankfurt fort, trat nachher in Französische Dienste, und focht ruhmvoll gegen Spanien. Nach dem Frieden von Cambresis söhnte er sich mit dem Kaiser wieder aus, ging auf seine Güter im Westerwald und starb daselbst als achtzigjähriger Greis am 12. Mai 1595. — Darstellung ꝛc. S. 150 Iselin Lexicon. Pfennig-Magazin von 1845. S. 232.

seine beide Söhne, die Stammväter beider Linien, getheilt haben. Bis zum Ende des fünfzehnten Jahrhunderts sei auch die Weller Linie im Besitz zur Hälfte geblieben, wo im Jahr 1497 der Westerwälder Ritter Johann von Reiffenberg und dessen Söhne ihren Antheil an ihren Stammesvetter Philipp von der Wetterauer Linie und an dessen Ehefrau Margarethe um zweihundert Gulden auf Wiederkauf verkauft hätten. Der Mannsstamm dieses Philipp sei um die Mitte des sechzehnten Jahrhunderts erloschen. Der unbeerbte Tod desselben habe nun die Descendenten des Verkäufers und deren Agnaten veranlaßt die ganze Verlassenschaft als ihnen angefallenes Familienstammgut mit gesammter Hand in Anspruch zu nehmen. Um jedoch die Ansprüche zu beseitigen, welche Philipps Wittwe, Christine Justine geborne Brendel von Homburg, an die Verlassenschaft gemacht habe, hätten Fridrich von Reiffenberg und seine Brüder, Westerwälder Linie, ihr solche 1560 um siebentausend Gulden abgekauft. Der Besitzer der andern Hälfte der Herrschaft sei hierüber erbittert gewesen, da er selbst diesen Erwerb beabsichtigt habe. Darum habe er auf Mittel gesonnen, sich der Westerwälder zu entledigen und sich zu diesem Zweck mit Heinrich von Nassau und dem Rittmeister von Dorfelden verbunden und diesen Rechte eingeräumt, so daß sich solche schon im Jahr 1581 als Miteigenthümer gerühmt hätten. Der Unfug dieser Usurpation sei so groß gewesen, daß selbst Marsil, der einzige außer Philipp noch vorhandene Wetterausche Agnat, sich auf die Seite des Obersten Fridrich von der Weller Linie geschlagen habe, und am 4. Juni 1587 zu Verhinderung jeden Nachtheils verabredet hätte,

„daß wir allen Fleiß, Muth und Unkosten anwenden wollen, damit wir den unbilligen Einfall und Einnahme durch Heinrich „von Nassau in gedachtes unser Stammhaus Reiffenberg beschehen, „wiederum abschaffen."

Philipps Wittwe und Kinder sollen jedoch unbehindert bei dem Ihrigen gelassen werden. Die Wittwe habe indessen schon im Mai 1587, ohne Wissen und Willen der Mitherrschaft, reisige Knechte in das Schloß gebracht und dem Obersten und seinen Verbündeten den Eingang verwehrt. Dieses habe letztern bewogen, Kriegsvolk zu werben und am 4. Juli 1587 das Stammschloß Reiffenberg zu erobern.

Ohnerachtet des hiergegen erwirkten kammergerichtlichen Mandats seien beide Familien in gemeinschaftlichem Besitz und Eigenthum geblieben, bis durch den im Jahr 1595 erfolgten Tod des Obersten Fridrich von Reiffenberg die Sache in Verwirrung und die Westerwälder Linie außer Besitz gekommen sei. Auf deren hierauf bei dem Reichshofrath angestellte Klage sei solche am 14. December 1628 in dem Besitz geschützt worden. Doch hatte die Wetterauer Linie ihnen diesen Besitz verweigert, und Philipp, der Sohn der mehrgedachten Wittwe, habe sie im dreißigjährigen Krieg ganz aus dem Besitz vertrieben, und die Wittwe des Johann Schweikard von Reiffenberg, Westerwälder Linie, Elisabethe Emmerentie von Budle habe sich daher bewogen gesehen am 7. August 1658 für sich und ihre Kinder, so wie in Vollmacht der Weller Linie, sich mit dem letzten Reiffenberger der Wetterauer Linie, dem Domherrn Philipp Ludwig zu vergleichen und diesem gegen Zahlung von siebentausend Gulden alle Rechte abzutreten [47].

Diesem widersprechen die Erben der Wetterauer Linie, und es ergibt sich aus den beiderseitigen Anführungen und andern Nachrichten folgendes:

Schon seit Anfang des sechzehnten Jahrhunderts war zwischen den Wetterauer und Weller Reiffenberger Familien über

„Gebäude, Gefäll und Jurisdictionalien an in und um Reiffen-„berg gelegen"

Irrung, und im Jahr 1560 verkaufte Christine geborne Brendel von Hönberg, Wittwe des um diese Zeit gestorbenen Philipp von Reiffenberg, Wetterauer Linie, ihren Wittwensitz zu Reiffenberg an den Oberst Fridrich von Reiffenberg, Weller Linie um siebentausend Gulden [48]. Dieses und der vorerwähnte Erwerb eines Hauses in dem Dorf Reiffenberg und eines Antheils an dem Stockheimer Gericht gab dem Käufer Stamm- und Ganerbenrecht an das Schloß und Herrschaft Reiffenberg gegen die damaligen Besitzer, Ritter Emmerich und nachher Philipp von Reiffenberg, Wetterauer Linie, anzu-

---

[47]) Darstellung ꝛc. S. 48. 101. 127. — Beurk. Nachr. Anl. Nr. 61.
[48]) Deßgleichen — Beurk. Nachrichten Anl. 62.

sprechen. Da ihm solches verweigert wurde, so suchte er es mit Gewalt zu erringen. Im Jahr 1580 heirathete Anna von Reiffenberg, Wetterauer Linie, den Ritter Emmerich von Wambold, und ihre Brüder Philipp und Eberhard begleiteten sie nach Weinheim, den Ort ihrer Vermählung. Während ihrer Abwesenheit aus dem Schloß Reiffenberg erstürmte es der Oberst Fridrich von Reiffenberg, Weller Linie, und zwang die Unterthanen mit List und Gewalt zur Huldigung. Als vorgedachter Eberhard seine in Reiffenberg gefangene Mutter besuchen wollte, wurde er zwar eingelassen, aber bei dem Eintritt in die dritte Burgpforte durch zwei Kugeln tödtlich verwundet und in die Wachtstube gebracht, wo er starb; auch ein Bote, den sein Bruder Philipp heimlich an seine Mutter nach Reiffenberg sendete, wurde erschlagen. Doch gelang der Mutter Margarethe geborne von Hutten glücklich die Flucht. Am 20. Mai 1580 erließ das Kammergericht auf deßfallsige Klage, Vorladung wegen Landfriedensbruch, was den Eroberer bewog, den Besitz aufzugeben [49]).

Philipp von Reiffenberg war nun der einzige vom Wetterauer Stamme, der Reiffenberg im Besitz hatte. Er ging jetzt mit Heinrich von Nassau und dem Rittmeister von Dorfelden Verträge über das Schloß Reiffenberg ein, wahrscheinlich um sich hierdurch gegen die Ansprüche der Weller Linie mehr zu sichern, und starb im Februar 1582, mit Hinterlassung eines minderjährigen Sohnes. Dieß veranlaßte Heinrich von Nassau das Schloß zu besetzen. Jetzt gab der Vorwand: die Rechte des minderjährigen Sohnes und eigene zu beschützen, dem mehrerwähnten Fridrich von der Weller und Marsil von der Wetterauer Linie Veranlassung am 15. Februar 1582 das Schloß abermals gewaltthätig zu ersteigen [50]). Aber auch dieser Versuch scheiterte an einem kammergerichtlichen Mandat, und am 25. Februar 1586 zeigen sie Partition an. Doch ließen sie noch nicht nach und schon in folgendem Jahre 1587 erneuerten sie ihre Gewaltschritte. Da sie durch einen am 30. Mai nach Reiffenberg gesendeten Unterhändler, Christian Rom, vergeblich die Besatzung zu einer Meuterei

---

[49]) Darst. S. 62. 160.
[50]) Beurk. Nachr. Anl. 61.

zu bewegen versucht hatten, so erstürmten sie das Schloß, Ausgang Juni gedachten Jahres, nochmals mit Waffengewalt, wobei drei Menschen erschlagen wurden [51]). Schon am 10. Juli setzte ein kammergerichtliches Mandat dieser Selbsthülfe Grenze, und am 18. März 1591 erging noch außerdem, gegen den geächteten Oberst Fridrich von Reiffenberg Ladung, weil er Schloß und Flecken Reiffenberg ganz und gar niedergebrannt hatte [52]).

Nur der verwegene, jeder Ordnung widerstrebende Sinn des Obersten Fridrich von Reiffenberg erklärt diese oft wiederholten Gewaltstreiche. Doch war mit ihm (er starb 1595) dieser Geist nicht erloschen; er hatte sich auf seine Verwandten vererbt. Sein Vetter Georg Hans von Reiffenberg erstieg im Jahr 1597 nochmals unversehens das Schloß, wurde jedoch von dem Besitzer, Johann Heinrich von Reiffenberg, Wetterauer Linie, alsbald wieder vertrieben [53]). Eben so hatten die Westerwälder Reiffenberger am 14. Juni dieses Jahres die Dörfer Waldschmitten und Langenbach, zur Herrschaft Reiffenberg gehörig, genommen, im Dorf Reiffenberg das Familien-Archiv, das in der Kirche verwahrt war, geplündert und beraubt, und die Unterthanen zur Huldigung gezwungen [54]). Am 11. October 1597 erließ der Reichshofrath hiergegen einen unbedingten Befehl (mandatum sine clausula), bestätigte solches am 28. Februar 1598 und verurtheilte Georg Hans von Reiffenberg zur Restitution. Aller hiergegen gemachten Vorstellungen ungeachtet, wurde das Mandat am 26. Januar 1604 nochmals bestätigt, und am 23. Juni zeigte er dem Reichshofrath Parition an [55]).

---

[51]) Darstellung rc. S. 63. 165.

[52]) Deßgleichen. S. 50. 169.

[53]) Deßgleichen. S. 170.

[54]) Beurk. N. Anl. Nr. 62. — Noch jetzt wird in der Beamtenwohnung in Reiffenberg eine Kammerbüchse (Doppelhacken, Falkonet) von Eisen, über neun Schuh lang, aufgehoben, auf welcher sich das Reiffenbergische Wappen mit der Brücke und den Eselsohren und der Inschrift: Johann Heinrich Her von Reiffenberg, befindet und ohne Zweifel von oben genanntem herrührt.

[55]) Darstellung S. 74. 161. 180.

Diese Vorgänge hatten es dahin gebracht, daß im Jahr 1599 Burg und Dorf Reiffenberg beinahe gänzlich verwüstet waren [56]). Auch im siebenzehnten Jahrhundert erneuerten sich dieselben Scenen, welche in dem vergangenen zerstörend an Reiffenberg vorüberzogen. Georg Hans von Reiffenberg blieb zwar ruhig, aber andere der Westerwälder Familie, die Gebrüder Fridrich und Hans Dietrich von Reiffenberg und ihr Helfer Johann Reinhard Brömser von Rüdesheim nahmen im Jahr 1602 Schloß und Flecken Reiffenberg abermals mit Waffengewalt ein. Am 30. August 1602 erließ das Kammergericht Mandat auf Räumung [57]). Doch ruhten sie nicht und übertrugen nur ihren Verbündeten und Dienern, Gerlach Brand, Thomas Rork, Johann Pfersbacher, Johann Fridrich und Georg von Hattstein und Vest von Wehrheim, als ernannten Rottenführern ihres über hundert Mann starken Haufens die Ausführung ihres Vorhabens. Diese besetzten am 8. September 1603, als eben der Eigenthümer von Reiffenberg nach Mainz verreist war, das Dorf Schmitten und die daran stoßenden Waldungen, ließen den Leichnam einer angeblichen Hexe verbrennen und Schatzung erheben. Aber am 29. October 1603 erfolgte ein abermaliges kammergerichtliches Urtheil, von Gewalt abzustehen [58]). Hierauf wendete sich vorgenannter Hans Dietrich von Reiffenberg, der mittlerweile Oberst der Kaiserlichen Leibgarde und Commandant in Wien geworden war, an Kaiser Rudolph II., welcher am 22. Juni 1610 dem Landgrafen Ludwig von Hessen-Darmstadt den Auftrag gab, die Sache zu vergleichen. Am 26. Juni 1612 ward dieser Auftrag erneuert. Hans Heinrich, Wetterauer Familie, Besitzer von Reiffenberg, lehnte jeden Vergleich beharrlich ab, und im Jahr 1613 schützt ihn ein kammergerichtliches Erkenntniß wiederholt in Besitz [59]).

Merkwürdig ist folgender, am 29. Juli 1613 der Besatzung in Reiffenberg bekannt gemachte Befehl, besonders darum, weil er die

---

[56]) Darstellung S. 74. 198.
[57]) Deßgleichen Vorrede S. V.
[58]) Deßgleichen S. 70.
[59]) Deßgleichen S. 70. 182.

Ausdehnung beweist, in welcher die Reiffenberger damals ihre Hoheit ausübten. Ein zu jener Zeit aufgenommenes Protokoll besagt nämlich:

„Heut ist den soldaten allhier semtlich, wie auch dem ganzen „Hofgesündt, wieder de novo, darmit sich keiner zu endeschuldigen „habe, zur einer überfließigen Warnung, von Herrn Hauptmann „diesser vestung Reiffenberg paul Wilhelm Katz preuniger von „Krembs, dann auch in Johann Sebastian Horn leuten Ambts „Beyseyn und me Eberhardo Loys Secretario praesente, ernst„lich und bei Leibsstraff vorgehalten worden: daß keiner den An„dern in der Vestung an seinem Leib nicht allein, nicht verwunde, „sondern auch mit einem Handtstreich im erst berühre; Vnd wo „einer über solche ermanung und gebott ergriffen wirdt, solle ihm, „so es ein gemeiner diener ist, ohn urtel und recht, alsbalt der „Kopf abgeschlagen werden; ist es aber eyn adeliche person, solle „ime alsbalt in loco delicti die rechte Handt abgeschlagen werden, „laut Iro Gnaden vralten Kaiserlichen Privilegien des Burg„friddens ꝛc. Darnach sich ein jeder zur verhalten wirt wissen [60]).

Nachmalen erschien am 6. Oct. 1628 ein Reichshofraths-Mandat gegen Cuno und Friedrich von Reiffenberg vom Westerwald (Hans Dietrichs nächste Verwandte), worin ihnen aufgegeben wurde, die Wittwe von Johann Heinrich von Reiffenberg (der am 4. März 1628 mit Hinterlassung von sechs minderjährigen Kindern, drei Söhnen und drei Töchtern, verstorben war), Anna geb. Gräfin von Cronberg, ungestört bei ihrem althergebrachten Besitz zu belassen. Im Jahr 1628 erwirkte der Oberst Hans Dietrich von Reiffenberg nochmals einen Kaiserlichen Auftrag an den Landgrafen von Hessen Darmstadt: den Kaiserlichen Kämmerer, Kriegsrath und Obersten Hans Dietrich von Reiffenberg nebst Consorten in Gemeinschaft und Besitz des Stammhauses Reiffenberg und Zubehörung, vorbehaltlich des petitorii, zu setzen. Aber auf erstatteten Bericht des Landgrafen vom 20. Juli 1629 beruhte die Sache [61]).

Auch im dreißigjährigen Krieg litt Reiffenberg. Im Dezember

---

[60]) Darstellung S. 75 ff.

[61]) Beurk. Nachr. Anl. 9.

1631 eroberten es die Niederhessen, unter Anführung eines Grafen von Lippe, und zwar sollen sie es von dem Dach der an solches angebauten Kirche erstiegen haben, weßhalb solche niedergerissen und der Gottesdienst im Schloß selbst gehalten ward [62]), und am 8. Febr. 1635 die Kaiserlichen [63]). Nochmals besetzten es letztere 1644. Als nämlich des Obersten Hans Dietrich Sohn, Hans Schweikard, gleichfalls Kaiserlicher Oberst und Inhaber eines Regiments, in gedachtem Jahr eine Kaiserliche Heeresabtheilung bei Friedberg befehligte, und spanische Kriegsvölker Reiffenberg mit List erobert hatten, ließ er sich solches einräumen und setzte Philipp Ludwig von Reiffenberg, den letzten Besitzer aus der Wetterauischen Familie, außer Besitz. Kaum hatten aber die Spanischen und Kaiserlichen Truppen die Gegend verlassen, als Philipp Ludwig sogleich einige Mannschaft zusammenbrachte, das Schloß im Anfang des Jahrs 1646 förmlich belagerte, eroberte und auf diese Weise wiederum zum alleinigen Besitz desselben gelangte [64]). Doch schon am 27. Febr. 1646 besetzten es die Kaiserlichen abermals. Als aber die Niederhessen unter Anführung des Generals Mortaigne am 11. Mai des folgenden Jahres Friedberg eroberten und den Oberst von Reiffenberg gefangen nahmen, ließen sie denselben so lange in Arrest, bis ihnen das Schloß Reiffenberg, das sie im Mai berennten und beschossen, übergeben war. Bei dieser Veranlassung gingen mehrere Gebäude daselbst in Feuer auf [65]). Der Schwedenkönig Gustav Adolph schenkte solches hierauf seinem Geheimschreiber Schwalenberg, als eine durch Eroberung erworbene Domäne [66]).

Das Ende des dreißigjährigen Krieges erlebte von der Wetterauer Familie, als letzter dieses Stammes, nur allein vorerwähnter Domherr Philipp Ludwig von Reiffenberg. Ihm räumte die Friedensexecutions-Commission Schloß und Herrschaft Reiffenberg, bis dahin in Schwe-

---

[62]) Darstellung S. 99. Beurk. Nachr. Anl. 62.

[63]) Schiller Geschichte des dreißigjährigen Kriegs.

[64]) Merian Topographie von Hessen. S. 73.

[65]) Darstellung S. 100. Beurk. Nachr. Anl. 62. S. 112.

[66]) Merian l. c. p. 113. Mader Nachrichten von Friedberg 1767. Thl. 3. S. 237. — Theatr. Europ. T. V. p. 1060.

dischem Besitz, in Folge des Westphälischen Friedens und des Executions-Hauptrezesses §. 59 wieder ein [67]). Aber in welchem Stand war Schloß und Herrschaft! Nach einem im Jahr 1654 genommenen schiedsrichterlichen Augenschein waren

„die wenigen übrigen Bäu auf und unter dem Schloß ganz „baufällig, die Wiesen und Aecker mit Sträuchen und Heiden „verwachsen, die gehabte Mühl gar hinweg, die Stein davon und „dabei stehende Scheuer vorlängst verkauft, die Weyer ausgetrucknet, „erfüllet und die Dämme zerrissen, auch die von allen diesen verhoften Nutzbarkeiten jetzo noch künftig nit dahin zu bringen, daß „ein Bedienter sich daselbsten erhalten oder salarirt werden können, „obschon es in gutem stand, ruhigem esse und Posseß" [68]).

Des Obersten Hans Schweikard von Reiffenberg Wittwe, Elisabethe Emerentia geb. von Budten hatte abermals am 1. August 1653 eine Kaiserliche Commission auf Kur-Mainz erwirkt, um sich in den Mitbesitz des Schlosses und Zubehör, namentlich auch der Dörfer Arnoldshain und Schmitten, sodann in die Pfälzische Mannlehen des Stockheimer Gerichts und in das Nassauische Mannlehen des Dorfes Langenbach — dem Gegentheil den Spruch Rechtens vorbehalten — zu setzen. Allein Mainz ließ die Sache liegen [69]), und der Wittwe Elisabeth Emerentia blieb, mehrfacher Bemühungen ungeachtet, wenig Hoffnung etwas zu erwirken. Zur Beendigung der nun schon seit Anfang des sechszehnten Jahrhunderts andauernden Streitigkeiten schloß endlich am 7. August 1658 eben gedachte Wittwe für sich und ihre Kinder, sodann für die übrigen Consorten der Weller-Reiffenbergischen Familie, mit dem damaligen alleinigen Besitzer, dem Domherrn Philipp Ludwig von Reiffenberg Wetterauer-Linie, einen Vergleich ab, worin sie allen Ansprüchen an Schloß und Herrschaft Reiffenberg gegen Zahlung von 7000 Gulden entsagen. Die Berichtigung dieser Vergleichssumme war mittelst Ueberlassung eines zu 4000 Gulden angeschlagenen Freiguts zu Schölkrippen, einer

---

67) Darstellung S. 89.

68) Schmauss Corp. j. p. 1044.

69) Beurk. Nachr. Anl. Nr. 62. S. 113.

Rente von 100 Gulden jährlich auf den Zoll zu Lahnstein, Höchst und Ehrenfels für ein auf solchem haftendes Capital von 2000 Gulden, sodann durch baare Zahlung von 1000 Gulden bedungen [70]). Doch war diese Vergleichssumme, welche die Wittwe Elisabethe Emmerentia creditirt hatte, im Jahr 1683 noch nicht bezahlt und wurde erst in diesem Jahr von den Freiherrn von Bassenheim, den Schwestersöhnen des inzwischen in Gefangenschaft gerathenen Domherrn, berichtigt [71]).

Nach Abschluß dieses Vergleichs ward das Schloß Reiffenberg wieder hergestellt, und in der zweiten Hälfte des siebenzehnten Jahrhunderts bewohnte es der Marquis de Villeneufe, welcher sich mit Anna von Reiffenberg, einer Schwester des Domherrn verehlicht hatte, und das Schloß als einen Werbeplatz für Frankreich benutzte [72]).

Jetzt schienen zwar die Ansprüche der Westerwälder Reiffenberger beseitigt; aber andere Ereignisse ließen diese Gegend keine Ruhe finden. Schon seit 1655 hatte Kur-Mainz das Schloß Reiffenberg mit Kriegsvolk besetzt [73]). Ohne Zweifel hatte der mit Mainz im Jahr 1443 auf ewige Zeiten abgeschlossene Oeffnungsvertrag, so wie das Kaiserliche Commissorium, nach welchem es die Weller-Linie in den Mitbesitz des Schlosses setzen sollte, hierzu die erwünschte Veranlassung gegeben; denn es zeigte sich nur zu bald, daß Mainz den Besitz der Reiffenberger Herrschaft für sich selbst erwerben wollte, was um so leichter schien, da der Besitzer Domherr und der letzte seines Stammes war. Es wurden zu diesem Zweck mehrere Vorschläge entworfen. Der erste ging dahin, das mandatum executoriale, welches die Pfandgläubiger der Herrschaft Reiffenberg bereits im Jahr 1664 am Kammergericht ausgewirkt hatten, erneuern zu lassen, die Immission zu erwirken und die Gläubiger zu veranlassen, ihr Recht unico actu dem Erzstift zu übertragen. Der zweite Vorschlag war, das Erzstift solle sich selbst die Forderungen übertragen lassen und sodann

---

[70]) Darstellung S. 91.

[71]) Beurk. Nachr. Anl. Nr. 62. Darstellung S. 93.

[72]) Darstellung S. 96. 247.

[73]) Deßgleichen S. 152.

kraft der in der Obligation, welche den Pfandgläubigern ausgestellt gewesen, enthaltenen Clausel in den Besitz setzen, oder drittens den Consens des Domherrn erwirken [74]).

Unerschütterlich aber verweigerte der Domherr das väterliche, unter so vielen Bedrängnissen immer siegreich behauptete Erbe zu veräußern, und alle Mittel ihn dazu zu bringen schlugen fehl. Aber er entging seinem Schicksal nicht. Der Kurfürst und Erzbischof von Mainz und Fürstbischof von Würzburg, Johann Philipp von Schönborn, ließ ihn von Erfurt aus, wo er Statthalter war, nach Würzburg einladen, und am 1. Febr. 1667 Morgens frühe von einem Hauptmann der Kurfürstlichen Leibwache und einem Commando Soldaten in seinem Bett überfallen und alles durchsuchen. Unter dem Vorwand vieler begangenen geistlichen Verbrechen ward er hierauf in das Gefängniß geworfen, sodann auf die Festung Königstein gebracht und durch Urtel des Mainzer Vicariats vom 18. Mai 1668 zu lebenslänglichem Gefängniß verurtheilt. Während der Untersuchung wurden auch die Schwestern des Domherrn und noch fünfzehn andere Personen verhaftet, weil man in Erfahrung gebracht haben wollte, daß der Domherr mit Kurpfalz eine hochverrätherische Correspondenz führe, und weil man einen Brief, der von dem Rhein an das Ufer gespült worden sei, aufgefangen habe, der die Nachricht eines Befreiungsversuches des Domherrn und die Drohung enthalten haben sollte: Mainz an vier Orten anzuzünden und den Kurfürsten mit Gift aus der Welt zu schaffen [75]). Nach siebenjähriger Haft und nach erfolgtem Tod des Kurfürsten Johann Philipp (1673) stellte ihn sein Nachfolger, Lothar Friedrich von Metternich, auf freien Fuß; doch mußte er eidlich versprechen sich nicht zu rächen und sein Recht nicht weiter zu verfolgen [76]).

Inzwischen war auch die Mainzer Besatzung aus dem Schloß Reiffenberg abgezogen, hinterließ jedoch dasselbe so sehr zerstört, daß es schon im Anfang des Jahres 1674 weder Thüren noch Fenster

---

[74]) Deßgleichen S. 249. Note *

[75]) Deßgleichen S. 249.

[76]) Beurk. Nachr.-Anl. 63 und 90.

hatte und gänzlich unbewohnbar war, so daß der Domherr bei seiner Entlassung aus dem Gefängniß es nicht bewohnen konnte und in einer gemietheten Wohnung in Oberroßbach Unterkunft suchen mußte. Das Dorf Reiffenberg selbst war so verarmt, daß,

„der allerreichste Mann das Brod selbst nicht hat",

und daß eine Einquartirung von einem Fourier und acht Mann Kaiserlicher Soldaten, welche den 29. Jan. 1674 eintrafen, nicht verpflegt werden konnten. Leopold Johann Hermann von Münchhausen war in dieser Zeit Beamter des Domherrn in den Reiffenbergischen Besitzungen [77]).

Seines eidlichen Versprechens ungeachtet, wendete sich der Domherr, der jedenfalls als ein unruhiger Mann erscheint, unter dem Vorwand, daß man ihm das geschehene Versprechen nicht halte, und er auch nicht zum vollen Besitz der ihm entzogenen Güter gelangen könne, an den Pabst, und von hier aus erfolgte am 27. April 1676 ein Urtheil wodurch er gegen die von dem Mainzer Vicariat den 18. Mai 1668 ergangene Sentenz in integrum restituirt, auch die Wiedereinräumung sowohl seiner geistlichen Beneficien, als seiner weltlichen Güter verordnet wurde. Aber noch in demselben Jahr 1676 wurde er auf Befehl des Kurfürsten Damian Hartard von der Leyen — als Rathgeber nennt die Geschichte den Kammerdirector Agricola und den Hofrath Jäger — wieder in den Kerker geworfen und beschloß, ohnerachtet sich der Kaiser, viele Kur- und andere Fürsten für ihn verwendeten am 28. März 1686 in hartem Gefängniß, und ohne mit Jemand Umgang haben zu dürfen, auf der Festung Königstein, zuletzt geistesstumpf, sein Leben [78]).

In dieser Zwischenzeit waren die zahlreichen Gläubiger des Domherrn durch Vermittlung des Juden Isaac zur Kanden in Frankfurt aufgereizt worden, traten klagend bei dem Kammergericht auf und baten, da der Gefangene jedes Mittels beraubt war, die verordnete Zahlung zu schaffen, um Immission in die Herrschaft Reiffenberg, die das Kammergericht erkannte. Jetzt erschien Kurmainz, dessen Stuhl

---

[77]) Deßgleichen §. 40. S. 47. Anl. 63.
[78]) Deßgleichen Anl. 33.

Anselm Franz Graf von Ingelheim von dem Jahr 1679 bis 1695 besaß, als Cessionär sämmtlicher Gläubiger und gelangte schon im Jahr 1681 als gerichtlich immittirter Pfandgläubiger zum Besitz der Herrschaft Reiffenberg [79]). Während dieses Besitzes ging der Rest des Reiffenbergischen Archivs zu Grunde, die Festungswerke wurden auf Befehl des vorgedachten Kurfürsten geschleift, und das ohnehin zerfallene Schloß wurde Ruine [80]).

Nach dem Tode des Domherrn Philipp Ludwig von Reiffenberg, trat dessen Schwester, Johann Walpurge, vermählt an Lothar Franz Freiherrn Walpott von Bassenheim, als Regredient-Erbin, die Verlassenschaft ihres Bruders mit der Rechtswohlthat des Inventars an, verglich sich mit Kurmainz und dem Oberstlieutenant Fabrizius, welcher dem gefangenen Domherrn und seinen Schwestern zu ihrem nothdürftigen Unterhalt Vorschüsse gemacht und dafür mehrere Allodialgüter im unterpfändlichen Besitz hatte. Zugleich erwirkte sie bei

---

[79]) Deßgleichen S. 47 und Anl. 63. — Darstellung S. 252. — Die Leiche des Domherrn (derselbe war im Jahr 1648 zum Coadjutor des Erzstifts Trier erwählt, die Wahl jedoch als ungültig erklärt worden, — Hontheim hist. trev. t. 1. S. 1201, — sodann Kur-Mainzischer Geheimer Rath, Stadthalter und Rector magnificentissimus in Erfurt, Domherr in Mainz und Trier, des Albansstifts in Halberstadt und des Stifts St. Ferrutii und B. Mariae V. ad gradus in Bleidenstadt Canonicus) ward in der Kirche zu Königstein beigesetzt. Der Graf Casimir Ferdinand Adolph von Walpott-Bassenheim (ein Schwestersohn des Domherrn) ließ solche daselbst im Jahr 1730 erheben, in feierlichem Zuge nach Reiffenberg bringen und in einer von ihm zwischen Reiffenberg und dem Feldberg erbauten Gruft und Grabkapelle, neben der Leiche seines Vaters des Reichshofraths und Kämmeres Johann Heinrich von Reiffenberg und seiner Mutter Anna von Cronberg, beisetzen. Wappen und Siegel der Reiffenberger wurden zerschlagen und in die Gruft geworfen. Ein Herold rief dreimal wehklagend den Namen des erloschenen Stammes hinab: Reiffenberg und nimmermehr Reiffenberg! Auf dem in der Kapelle angebrachten marmornen Denkmal wurden Helm und Wappen verkehrt angebracht, zum Zeichen des ausgestorbenen Geschlechts. — Annalen des Vereins für Nassauische Alterthumskunde 4. Bd. 1. Heft 1850. Das. Geschichte von Reiffenberg von Herrn Pfarrer Hannapel. — Leider geht die Kapelle, seit mehren Jahre ohne Thüre und Fenster und halb zerfallen, ihrem gänzlichem Verfall entgegen.

[80]) Darstellung S. 2.

dem Kammergericht eine Ladung an alle Prätendenten und bat, sie als Erbin zu erklären. Diesem widersprach der Kurtrierische Geheimerath Johann Philipp von Reiffenberg aus dem Westerwald am 31. August 1687 mittelst förmlicher Protestation, unter der Behauptung, daß die Herrschaft Reiffenberg ein Familien-Fideicommiß und, nach Ableben der Linie des Domherrn im Mannesstamm, ihm als Agnaten, auferstorben sei. Ohnerachtet er diese Protestation bis zum Jahr 1717 hartnäckig geltend zu machen versucht, so ließ er solche doch von da an auf sich beruhen [81]), und die Gräflich von Bassenheimische Familie brachte es durch große Geldopfer endlich dahin, daß ihr im Jahr 1686 am vormaligen Reichskammergericht zu Speier angebrachtes Gesuch:

als Erbe Philipp Ludwigs von Reiffenberg erklärt zu werden,

nach Verlauf von 95 Jahren willfahrt wurde. Den 14. Mai 1781 erfolgte nämlich das Reichskammergerichtliche Urtel, welches den Vater des dermaligen Herrn Grafen, Friedrich Walpott von Bassenheim, zum Erben des 1686 verstorbenen Domherrn Philipp Ludwig von Reiffenberg erklärte. [82])

Neun Jahre nachher (1790) traten die weiblichen Descendenten des Geheimenraths Johann Philipp von Reiffenberg Westerwälder-Familie mit ihren Ansprüchen wieder hervor; andere schlossen sich ihnen seit 1811 an, mit der Behauptung, auch die Westerwälder-Familie sei im Mannesstamm verblüht. Indessen war im Widerspruch hiermit schon bei dem Kammergericht ein angeblicher Herr von Reiffenberg, und in den Jahren 1812 und 1817 wieder andere Prätendenten (Landleute aus dem Westerwald) aufgetreten, welche angaben, der Weller Mannesstamm sei nicht erloschen, sondern nur verarmt und habe darum seinen adlichen Stand nicht behaupten können. Soviel ist zugegeben, daß Johann Schweikard, Hans Dietrichs von Reiffenberg Sohn, sich aus seiner Heimath entfernt habe,

---

[81]) Deßgleichen S. 161. — Annalen des Vereins für Nassauische Alterthumskunde. Bd. 4. Heft 1. S. 58.

[82]) Deßgleichen S. 3. 252. — Beurk. Nachr. S. 52.

und daß man eben so wenig wisse, wohin dessen Bruder Matthias Hans Georg gekommen sei [83]).

Inzwischen war durch den Reichsdeputationsrezeß vom 25. Febr. 1803 Reiffenberg unter herzoglich Nassauische Hoheit gekommen, und die Sache ward vor den Nassauischen Gerichten verhandelt und, vor wenigen Jahren endgültig auf den Grund der Verjährung, zu Gunsten der Herrn Grafen von Bassenheim entschieden [84]).

Sämmtliche angezogene Urkunden verwahrt das Archiv der freien Stadt Frankfurt.

Eine Abbildung von Reiffenberg in völligem Zustand befindet sich in Merians Topographie von Hessen S. 116.

Die im Anfang dieser Geschichte beschriebene Aussicht von dem Feldberg nach Reiffenberg ist nach Schütz von Höffel in Aquatinta gestochen in „Gernings Lahn- und Maingegenden."

Auch in dem Archiv für Frankfurts Geschichte und Kunst, 3. Heft, ist eine Ansicht von Reiffenberg in seinem dermaligen Stand.

Vielleicht gibt es noch mehrere Abbildungen.

Eine andere in einem Werk betittelt: Thesaurus Philo-Politicus, das ist: Politisches Schatzkästlein guter Herrn und beständiger Freund. Autore Dan. Meisnero Com. Boh. cum gratia et Privil. S. C. M. speciali Frankfuhrt bey Eberhard Kiefern zu finden (ohne Jahrzahl).

Beide Ansichten haben jedoch keine Aehnlichkeit unter sich. Copien derselben befinden sich in den: Annalen des Vereins für Nassauische Alterthumskunde Bd. 4. Heft 1, in welchen sich auch eine Ansicht der Ruine in ihrem dermaligen Zustand befindet.

---

83) Deßgleichen S. 9.

84) Das. S. 10.

85) Annalen des Vereins für Nassauische Alterthumskunde Bd. 4. Heft 1. S. 47.

IX.

Hattstein.

Wo sonst Ritter Recht und Treue höhnten,
Ihre Eisentritte in den Hallen dröhnten,
Und Gefangne sich nach Freiheit sehnten,
  Wohnt jetzt Friede, Stille, Ruh'!
Blumen nicken von der morschen Mauer,
Ueberblühen freundlich der Zerstörung Trauer,
Und der fernen Vorzeit ernste Schauer
  Deckt Natur mit Blüthen zu!

Hattstein.

In dichtem Wald ruhen einsam auf felsigem Hügel die Trümmer der Burg Hattstein. Zwischen den Nassauischen Dörfern Reiffenberg, Arnoldshain und Schmitten, am Abhang des Sengelbergs in den Schluchten des Höhe-Gebirges, im Weilthal gelegen und von andern Höhen überragt, besucht es nur selten ein Wanderer. Die wenigen übrigen Gemäuer beschatten Ahornbäume, die rund um die Burg und in den Trümmern des Schlosses wurzeln. Auch die Vorburg, Herrn von Hartenfeld Haus genannt, ist nicht mehr. Gebüsch und Bäume decken ihre Stätte, und Farrenkräuter umgrünen die Bruchstücke der Mauern und die Reste des Grabens, um die Burg gegen den höher steigenden Berg zu umziehen. Alles Leben scheint hier verweht, und der Name: Todtenweg, der dem Fußsteig geblieben ist, auf dem die Hattsteiner ihre Verstorbenen nach Arnoldshain brachten, mahnt schauerlich an die Vergänglichkeit.

Hatzicho (Hatto) von Reiffenberg soll in der letzten Hälfte des zwölften Jahrhunderts die Feste erbaut haben [1]). Nach seinem Namen: Hatzichestein, Hatzstein — wie sie bis zum Ende des vierzehnten Jahrhunderts hieß — und späterhin, wie das Geschlecht selbst wurde sie Hattstein genannt. Sein jüngerer Sohn, Hatzicho, der die Burg aus dem

[1]) Humbracht, höchste Zierde Deutschlands. Tafel 32.

elterlichen Erbe erhielt, nahm auch diesen Namen an und wurde Stammvater des Hattsteinischen Geschlechts.

Der Umfang der Burg war klein, und die Ruinen sind zu unbedeutend, um auf die Art ihres Baues zu schließen. Wasser war im Innern der Burg nicht, wahrscheinlich aber in der Vorburg. Unterhalb der Burg in den Wiesen befand sich eine jetzt zerstörte Capelle dem heiligen Antonius geweiht, die durch benachbarte Klostergeistliche versehen ward.

Die frühere Geschichte des Schlosses und des Geschlechts ist unbekannt; aber da, wo es aus dem Dunkel der Vorzeit tritt, erscheinen die Burg als ein Raubnest, das gefährlichste der Gegend, und seine Besitzer vom Stegreif lebend. Mit der Nachbarschaft in stetem Unfrieden, machten sie die Gegend ihres Aufenthalts unsicher, und ungeneckt zog auf viele Meilen in die Runde kein Wanderer vorüber.

Nicht alle vom Hattsteinischen Geschlecht hatten Theil an der Burg; mit andern Gütern abgefunden, überließen sie deren Besitz ihren Miterben. Die Eigenthümer besaßen es als Ganerbschaft, und ein Burgfriede bestimmte ihre Rechte und Verbindlichkeiten, so wie die Grenze der ganerbschaftlichen Besitzungen. Der

„am Tage sant Elizabeth der heiligen Widwen 1399"

aufgerichtete Burgfriede bestimmt diese Grenze also:

„der Burgfridden sal angeen an dem gehauwen steyne vnd dem
„Ween (Wagen) Weg uffen neben Hr. Johans Beyer von Riffen-
„berg vnd den Ween Weg vffen durch Selderberg das Dorffe vnd
„der Weg uff hyne hinder der Kirchen Selderberg den Weg sollen
„uffen der hinder dem kolenberge abgeet vnd den Weg uffen der
„vnder der Waltsmytte herabgeet vnd den sollen vffen gein
„Arnßhayne vnd den Weg der von Arnßhaine geyn Riffenberg
„geet vnd den Weg ymmer mer vffen in dem Sengelberge als
„vnser Walt geet bis widder an den gehauwen steyne."

Gewöhnlich wohnten einige der Ganerben, z. B. in den Jahren 1430 und 1432 Conrad und Philipp von Hattstein, daselbst. Zwei Drittheile der Burg gingen im Jahr 1421 von dem Erzstift Trier von wegen der Herrschaft Limburg, im Jahr 1428 aber etliche Theile von dem Herrn von Hanau zu Lehen.

Die benachbarten Städte und Herren suchten sich auf alle Weise dieser beschwerlichen Gäste zu entledigen und sich solche zu verbinden. Im Jahr 1292 erscheint Wittekind von Hatzichestein als Schultheiß in Seligenstadt, und im Jahr 1341 nehmen Heinrich und Wolf von Hatzichestein das Bürgerrecht in Frankfurt an. Im Jahr 1371 verbinden sich Heinrich von Hatzichestein und ein anderer Heinrich von Hatzichestein, „der wonet zu Solzbach", der Stadt Frankfurt. Ein gleiches that 1375 der Edelknecht Wolf, 1388 Henne v. H. genannt Hartenfels, Markolf und Conrad im Jahr 1389, Georg, im Jahr 1396 Heinrich und Johann v. H. genannt Rumland. Alle erhielten jährlich ansehnliche Vergütungen. In den folgenden Jahren finden sich viele der Stadt Frankfurt verbunden.

Auch Hof- und andere Dienste bei Fürsten, Dynasten und Herren nahmen die Hattsteiner an. So findet man um das Jahr 1355 Dietrich als Burgmann in Münzenberg, 1363 Fridrich als Hauptmann der Stadt Limburg [2]), 1378 Wolf und Cuno und 1382 dessen Sohn Conrad als Burgmänner im Schloß zu Hanau [3]) 1388 Conrad als Truchseß in Eppenstein, 1411 Jürge als Amtmann in Königstein, 1420 Georg, 1432 Conrad den jungen und 1464 Heinrichs Sohn Philipp als Ganerben in Neufalkenstein. Dietrich war 1428 Diener der verwittweten Gräfin Margarethe von Nassau gebornen Markgräfin von Baden, und Philipp und Conrad der junge sind 1432 unter dem Hofgesinde des Erzbischofs Conrad von Mainz.

Die erste Nachricht von einer Belagerung des Schlosses Hattstein findet sich im Jahr 1369. Damals wurde es von Cuno, Erzbischof von Trier, aus dem Hause Falkenstein erobert, jedoch den Ganerben wieder zurückgegeben [4]). Im Jahr 1374 soll es von demselben,

---

[2]) Fridrich von Hatzstein Hauptmann der Stadt Limburg ward in gedachtem Jahr 1363 in einer Fehde mit den Reiffenberger erschlagen. Er war so stark, daß er eine Ohm Wein aufhob, und aus dem Spunten trank. Fasti Limpurgenses. Wetzlar 1720. S. 45.

[3]) Hanau-Münzenbergische Landesbeschreibung. 1720. Thl. 2. Urkunde 158. 159. 160. — Humbracht l. c. Tafel 35.

[4]) Beurkundete Nachricht von der Herrschaft Reiffenberg und dem Stockheimer Gericht 1776. S. 25. Es wird sich hier auf Hontheim hist. trevir: prodromus p. 1201 und T. II. S. 464 bezogen. Da jedoch in der daselbst abgedruckten Urkunde das Schloß: Hartradstein, genannt wird, und als dessen

dem Pfalzgrafen Ruprecht bei Rhein, Junkherrn Philipp von Falkenstein, dem Dynasten von Hanau und den Städten Frankfurt, Wetzlar, Friedberg und Gelnhausen belagert worden sein [5]). Bei Rodheim vor der Höhe kam es im Juli gedachten Jahres zu offener Feldschlacht. Johann von Hattstein Hr. Markolfs Sohn, Conrad von Hattstein Hr. Dietrichs Sohn, Johann von Hattstein und mehre Edle wurden gefangen. Die Sache ward vertragen, und die Gefangenen wurden nach geleisteter Urfehde entlassen [6]).

Wenig besserten diese Vorgänge die Ganerben; wegen

„Uebergriffe und missetad die vß der Festen Hatzstein und darin „geschehen"

ward im Jahr 1379 von Landfriedens wegen, eine Belagerung Hattsteins unternommen. Als Belagerer werden in dem weitläuftigen, am Mittwoch nach Marie Himmelfahrt ausgestellten Friedensvertrag namhaft gemacht:

„Wenzeslaus Römischer König und das Römische Reich, Cuno „Erzbischof von Trier, Rupprecht der ältere Pfalzgraf bei Rhein, „Herzog in Baiern, Philipp Herr zu Falkenstein und zu Minzen„berg und die Städte Mainz, Frankfurt, Friedberg, Gelnhausen „und Limburg."

Die Feste ward erobert und nur auf dringende Bitten der Ganerben, namentlich von Dieterich und Johann, Gebrüder, Wolf und Cuno Gebrüder, Johann Wibne Hr. Markolfs Sohn und Johann Wibne Friedrich, alle von Hattstein, wieder eingeräumt. Auf ewige Zeiten bedungen sich die Eroberer das Oeffnungsrecht, und die Ganerben der Feste Hattstein verpflichten sich, ihre Erben und Nachkommen, daß

„vß Hattstein oder darin uff einchen Straßin vff Wasser oder

Eigenthümer die Kinder Johanns von der Leyen erscheinen, denen es die Eroberer wieder einräumen, so zweifle ich, daß Hontheim dort von Hattstein redet, da weder der Name des Schlosses noch der Eigenthümer übereinstimmen, und ich von diesen keine Spur gefunden habe.

[5]) Lersner's Frankfurter Chronik Thl. 2 S. 642. Auch die Nachricht dieser Belagerung ist sehr zweifelhaft. — Mader Nachrichten von Friedberg Thl. 2. Anhang S. 14 ff.

[6]) Lersner a. a. O. — Mader am a. O. und S. 181.

„vff Lande kein Paffen, geistlicher Mann, Bilgrim, Kaufmannschaft,
„Juden noch andere unschedeliche Lude nimmer sollen angegriffen
„oder schedigen oder lassen angriffen oder schedigen u. ꝛc.“

Wer dagegen handelt, soll seinen Theil am Schloß Hattstein und alle Lehen verlieren und

„sollen damit truwelois, erlois, meineydig und in des rychs achte
„sin, vnd man vns dan in allen stücken vnd gerichte für Aechtere
„vnd vnledige Leute anfertigen vnd halten“ ꝛc.“

Am 16. Juni 1383 wurde dieser Vergleich zwischen den Hattsteinern und der Stadt Frankfurt noch dahin erweitert, daß die in Hattstein liegenden Wächter und Pförtner von der Städte wegen in Frankfurt huldigen und schwören sollten, und daß Frankfurt das Recht eingeräumt ward, an die Stelle der Abgehenden neue zu bestellen. Auch hatte am 22. Mai dieses Jahres der zur Zeit des Vertragsabschlusses vom Jahr 1379 in Frankfurt gefangene und indessen zur Ganerbschaft gelangte Edelknecht Conrad von Hatzstein gedachten Vergleich bestätigt und sich mittelst Transfixes zu solchem verpflichtet.

Die Limburger Chronik erwähnt einer Belagerung Hattsteins durch dieselben im Jahr 1380 [7]).

Nur der Gewalt weichend und nicht dem Gesetz, widerstrebten die Ritter allen Verträgen und dem indessen errichteten Landfrieden. Nicht allein die Ganerben von Hattstein, auch einzelne des Geschlechts versuchten in Fehden ihr Heil, und kein Jahr verging mit ihnen in Ruhe. Eine Fehde mit Georg und Heinrich von Hattstein gegen Frankfurt wurde am Tage Laurenci 1388, und eine mit Henne von Hatzstein dem jungen nach Martini 1389 gesühnt. Mit Henne von Hatzstein genannt Rumslandt hatte Frankfurt 1390 Fehde, und Dietrichs und Conrads v. H. Höfe in Bruchköbel wurden in derselben abgebrannt. Am 25. Juli wurde die Sache vertragen und Conrad erhielt zwanzig Gulden als Entschädigung. Aber schon im Jahr 1393 findet man ihn und seine Helfer wieder auf dem Felde.

---

[7]) Fasti Limburgenses. Wetzlar 1720. S. 89. Wahrscheinlich ist die vom Jahr 1379 gemeint, wenigstens findet sich im Frankfurter Archive hierüber nicht das geringste vor.

Aus der Burg Hattstein wurden ungescheut die gewohnten Räubereien fortgetrieben. Darum befahl im August des gedachten 1393r Jahres:

„Schenk Ebirhard Herre zu Erpach, Landvogt des Landfriddens
„am Rine, vnd daz merteil der Echte, die mit mir über den Land-
„fridden gesatzt sin“

einen Zug nach Hattstein. Die Kurfürsten von Mainz und Trier, der Herzog von Baiern, Philipp von Falkenstein, Hr. zu Münzenberg, die Städte Frankfurt, Mainz, Speier, Worms, Gelnhausen und Friedberg wurden hierzu entboten. Der Absagebrief, den die Stadt Frankfurt an die Ganerben erließ, lautet wörtlich:

„Wissent ir die Gemeiner gemeinlichen des slossis Hatzstein daz
„vns die nune vom Landfriden am Rine geschrieben hand, daz sie
„eynmudiclichen einen Gzog von des Landfriden wegen vbin vwer
„sloß egenant irkant haben, vnd sin wir darczu von des Richs
„und des Landfriden wegen ernant zu dienen darczu, und wir
„wollen und müssen auch darczu dienen von des Landfriden wegin;
„vnd wilcherley schaden ir des Geczoges halb von vns vnd vnsern
„lident odir nement des wollen wir vnß ere gen vch bewart han
„mit dieß offen Brieffe, vnd wollin in des Landfriden Fridde vnd
„Vnfridde gen vch sin. Orkund dies Brieffs versigelt mit vnß
„vffgedrucktem Ingesiegel. Geben anno domini MCCCLXXXXIII°
„feria tercia post Bartholomäi.

Von vns dem Rade zu Frft.

Auch der Stadt Söldner sendeten einen Absagebrief. Den 28. August gedachten Jahres ward das Schloß berennt. Frankfurt sendete achtunddreißig Mann mit Glenen und sechzig Schützen in Barchent und roth und schwarz Tuch gekleidet, sammt drei Pfeiffern dahin. Sie führten Zelte, Panier, viel Wagen und acht und dreißig Karch, Fleisch, Wein, Stockfisch, Brod von Korn und Waitzen, Hafer, Erbsen, Breimehl, Zwiebeln, Wachs zu Kerzen, Lichter, eine große Büchse, sammt anderer Munition mit sich. Ein Priester mit einer Lade, Brodtüchern und anderm Zubehör zu unsers Herrn Leichnam, und drei Rathsherren, der Schöff Jacob Klobelauch der junge, Jeckel Herden und Ruprecht Wyß, nebst einem Schreiber, letztere zu Pferd, begleiten den Zug [8]). Ohnerachtet sie schon Morgens nach dem kaum drei Meilen entfernten Hattstein auszogen, kamen sie doch erst spät in das Lager,

„wand der Geczog von Geschirr gar gros waz, daz wir von „morgen biz nacht kune ein Virteilmile geczichen konden, wand „wohl tusend wagen vnd karren sin oder mer",

schreiben die Rathsherrn nach Frankfurt. Ein alter Geschichtschreiber sagt von diesem Zug:

„Da hatten die Städte große Büren, deren schoß eine sieben „oder acht Zentner schwer, und do gingen die großen Büren an, „deren man nicht mehr gesehen auf dem Erdreich von solcher Größe „und Schwere [9]).

Hart wurde die Feste mit dem Geschütz bedrängt,

„susten so schießt man mit andern Bußen vnd helliget das Huß „faste — — —"

„vnd visset auch daz man mit den Bußen, die man itzund hat, „dicke vnd feste durch das Hus schißet",

schreiben die Rathsherren. Doch konnte solches nicht genommen werden. Es wurde nicht nur gleichfalls mit Geschütz tapfer vertheidigt, sondern mehr als dieses that die Uneinigkeit der Belagerer. Die Mannschaft, ohnerachtet sämmtlich den Befehlen der Ritter Heinrich von Apsberg und Breskoe von Steinberg,

„vnßers gnedigen Hern des Römischen Konig und Konig zu Behem. „Hauptlüde zu dieser Zyd"

untergeben, folgte nicht diesen, sondern ihren Landesherren. Die Falkensteiner waren heimlich mit den Hattsteinern einverstanden und versahen sie mit Waffen und Lebensmitteln. Zwar gehorchten sie dem Aufgebot von des Landfriedens wegen und schickten die ihnen angeforderte Mannschaft vor Hattstein; aber sie benachrichtigten die Hatt-

---

8) Lersner a. a. O. Thl. 1. S. 367.

9) Fasti Limburgenses. Wetzlar 1720. S. 110. Das Chronic. Riedesel. bei Kuchenbecker analecta Hass. A. 14. S. 37 sagt zum Jahr 1392: und gingen damals die groſsen Büchsen an, deß etzlich sieben oder acht Zentner schwer.

steiner, daß ihre Leute ihnen keinen Schaden thun würden. Diese verließen sogar ohne Urlaub das Lager und zogen von dannen. Mahnbriefe von des Landfriedens wegen waren vergebens. Doch entschuldigten die Falkensteiner ihr Benehmen in einer besonderen Rechtfertigungsschrift damit, daß ein Theil ihrer Leute mit den Hattsteinern verwandt oder verschwägert seien, daher den Dienst verweigerten; auch seien ein Theil derselben ihre Burgmänner und Diener,

„vnd wissen nit wy wir vns damidde bewaren sollen, so daz wir
„gen den Landfredden recht taden, vnd auch gen den von Hattstein —“

Bald fehlten den Belagerern Lebensmittel und Munition, und der Fürsten Söldner, Ritter und Knechte liefen davon. Auch verstärkten sich die Hattsteiner täglich. Darum ward am 5. Sept. 1395 die Belagerung aufgehoben, und es wurden Streifparthien zum Schutz und Schirm der Landstraßen aufgestellt.

Dieser günstige Erfolg ermuthigte die Hattsteiner, und besonders die Jahre 1395 und 1396 waren unruhig. Eine Fehde der Stadt Frankfurt mit Henne von Hatzstein genannt Rumelandt und seinen Helfern wurde am 21. Juni 1396 gesühnt. Im Jahr 1397 war zwischen Frankfurt und Henne von Hattstein, genannt Hartenfels, Fehde, und im April des Jahres 1399 raubten Henne und Jürge von Hattstein der Stadt Frankfurt fünf und neunzig Schafe.

Eine abermalige Folge dieses unruhigen Betragens war die Belagerung des Schlosses im Jahr 1399 auf Befehl des Landvogts am Rhein unternommen. Nähere Umstände der Belagerung selbst sind unbekannt [10]), wie denn überhaupt die deßfallsige Nachricht sehr zweifelhaft bleibt. Während einer dieser Belagerungen wurde in

---

[10]) Herp. annales bei Senkenberg sel. T. 2. S. 20. Ich halte die an dieser Stelle befindliche Jahrzahl 1399 für einen Druckfehler, statt 1393. Vorher steht das Jahr 1392, nachher das Jahr 1396 und zwischen diesen das Jahr 1399. Da nun in allen übrigen Nachrichten die chronologische Ordnung beobachtet ist, so ist der Schluß auf einen Druckfehler wohl um so mehr gegründet, da die achttägige Dauer der Belagerung, die Erwähnung der großen Wurfgeschütze, und die Belagerer mit jener von 1393 übereinstimmen. Auch findet sich nichts von einer im Jahr 1399 statt gehabten Belagerung im Archive der Stadt Frankfurt.

Arnoldshain, einem den Reiffenbergern und Hattsteinern gemeinschaftlichen Dorf, Kirche und Schule verbrannt, ein Einwohner erschlagen und alles geplündert. Erst im Jahr 1420 wurde sich dieses Schadens wegen mit Philipp von Reiffenberg verglichen.

Keine Mittel, auch der Landfriede nicht, waren hinreichend und kräftig genug, dem Unwesen zu steuern. Besonders Frankfurt war den ewigen Neckereien der Raubritter ausgesetzt. Noch im Jahre 1404 raubte Henne von Hattstein, genannt Rumland, bei Praunheim dreihundert, Frankfurter Bürgern gehörige Schaafe, viele Pferde, Kühe und Geld. Der Stadt Söldner vergalten es ihm reichlich und gewannen ihm bei Petterweil vier Pferde und Rüstungen ab. Auf einen gütlichen Tag in Homburg den nächsten Tag nach St. Laurenzientag sollte die Sache verglichen werden. Mit dieser Raubsucht ist oft die ausgesuchteste Grausamkeit verbunden. Als Henne von Hattstein, Clesen, des Schultheißen in Frankfurt Rudolf, von Gailing Knecht,

„vff des Rychs Straßen gefangen hatt, that er eme sin Füßen by „Lichten burnen, vnd bundt eme sin . . . . . vff synen Nabel" [11].

Einer der berüchtigsten des Hattsteinischen Geschlechts war Dieterich. Selbst die Ganerben des Schlosses Hattstein hatten ihn aus der Ganerbschaft gestoßen. Er und Georg von Sorgenloch genannt Gensfleisch raubten — ohnerachtet eines kurz vorher mit ihm geschlossenen Friedens — im Juni 1420 bei Castel von einem Wagen drei einem Frankfurter Bürger gehörige Pferde. Auf Schreiben des Raths entschuldigten sie sich damit, daß sie geglaubt hätten, die Pferde gehörten dem Landgrafen von Hessen, mit dem sie in Feindschaft seien. Zwei noch vorhandene Pferde wurden zurückgegeben, und ein verkauftes mit vierzehn Gulden ersetzt. Derselbe Dieterich nahm 1423 dem Reinhard von Blodorph, Bürger in Diez, bei Esch einige Fässer mit Wein, die von der Frankfurter Messe kamen. Auch andere Hattsteiner folgten seinem Beispiele. Henne und Conrad, „den man nennet Phlilipp von Hattstein", raubten mit Hülfe Conrads von Traysa, Hartmuds von Münster und Anderer im Oct. 1425 dem Frankfurter Amtmann in Erlenbach,

---

[11]) Kirchner Geschichte von Frankfurt Thl. 1. S. 255. Note a. (burnen steht für brennen.)

Thomas von Schwalbach und andern Bürgern ihre Schaafe, die nach Neufalkenstein getrieben wurden.

Im Jahr 1426 erscheint Dietrich wieder im Felde. Ohne Fehde stiehlt er den Bürgern von Frankfurt ihre Hämmel und Schaafe aus dem Pferch und treibt solche nach Cronberg. Da der Rath das Eigenthum der Bürger zurückforderte, so ließ er den Boten, der ihm den Brief brachte, auf dem Rückweg überfallen, ihm Pferd, Schwerdt, Sporen, Rüstung und alles, was er bei sich hatte, abnehmen und ihn auf den Tod schlagen. Sodann zog er vor das Frankfurtische Schloß Bonames und trieb die Schweine, welcher er habhaft werden konnte, nach Hattstein. Den Boten, den ihm Henne von Beldirßheim, der Stadt Amtmann in Bonames, deßfalls nach Hattstein sendete, mißhandelte er selbst und schlug ihn mit einem Stock. Vergeblich war ein Dinstag nach St. Michelstag in Höchst statt gehabter Vergleichsversuch. Dieterich verlangte sogar noch Entschädigung für die Zerstörung des Schlosses Danneberg an der Bergstraße, dessen Ganerbe er war, an welcher die Stadt Frankfurt im Jahr 1399 von Landfriedens wegen Theil genommen hatte [12]). Erbitterter dauerte die Fehde im Jahr 1428 fort. Der Stadt Frankfurt Söldner raubten und plünderten in Arnoldshain und den Hattsteinischen Besitzungen; gleiches that Dieterich auf der Stadt Gebiet. Derselbe, Adolph von Reiffenberg und „etzliche vnßer frauwen von Nassau Diener" berannten das Frankfurtische Schloß Bonames und trieben dort die Schweine und vor Frankfurt die Schaafe aus dem Pferche fort. Auch der Erzbischof von Mainz und der Dynast von Hanau waren in Fehden mit den Hattsteinern verwickelt. Frankfurt, Philipps von Cronberg und Johann Bos von Waldeck schlossen „vff Suntag als man singet: esto mihi 1428 (14. Febr.) ein Bündniß gegen Dietrich, das einen im Dezember gedachten Jahres abgeschlossenen Vergleich zur Folge hatte, nach welchem Frankfurt am 24. Febr. 1429 zweihundert Gulden an Dietrich zahlte.

Um endlich das Uebel mit der Wurzel auszurotten, wurde zu

---

[12]) Archiv für Hessische Geschichte und Alterthumskunde. Bd. 2. Darmstadt 1841. S. 516.

Ende August 1428 von Frankfurt aus ein Bote mit einem Schreiben an die Hattsteiner nach Falkenstein gesendet, in dem ihnen wegen ihres Benehmens Vorstellungen gemacht und friedliches Benehmen verlangt wurde. Sie gaben jedoch den Vorstellungen so wenig Gehör, daß sie sogar den Boten gefangen nahmen. Doch war ihnen die Sache nicht gleichgültig, und sie wendeten sich an Reinhard Herrn zu Hanau, und baten um seinen Schutz als Lehnsherrn. Dieser hatte sich indessen am 1. September 1428 mit Conrad Erzbischof von Mainz, Diether Herrn zu Isenburg und der Stadt Frankfurt gegen die Hattsteiner in ein Bündniß, das den Zweck der Eroberung des Schlosses Hattstein hatte, eingelassen. Als Grund dieses Bündnisses wurden

„große viel und mancherley Raubery, Schindery Mort, Brende ꝛc.“

von den Hattsteinern begangen, aufgeführt und, um sich in der Fehde zu erkennen, ein Geschrei und Losung verabredet. Ersteres war Mainz, letzteres: Hanau. Am 4. Sept. (Sonnabend vor Marien Geburt) antwortete der Herr von Hanau den Hattsteinern, daß er sich über ihr gegenseitiges Verhältniß näher unterrichten und ihnen sodann antworten werde. Doch fügt er an, habe er viele Klagen über ihr Benehmen vernommen, und ihm selbst seie aus dem Schloß Hattstein Schaden zugefügt worden. Schon am 1. Sept. 1428 waren die Fehdebriefe der Verbündeten an die Ganerben nach Hattstein gesendet worden. Doch scheint nichts von Bedeutung unternommen worden, auch Diether von Isenburg von diesem Bündniß abgetreten zu sein.

Besonders Frankfurt, dessen aufblühender Handel und Reichthum eine Lockspeise der Raubritter war, lag daran, die Hattsteiner unschädlich zu machen, und um alles zu versuchen, was hierzu dienen konnte, so mahnte solches in Folge des Vertrags von 1379 am 29. Januar 1429, Sabbato ante purificat. Mariae virg. die Hattsteinischen Ganerben Heinrich, Conrad, den man nennet Philipps und Philipps Gebrüder, Conrad, den Alten und Philipp Wittekind Sohn, sämmtlich von Hattstein, um Oeffnung des Schlosses. Da solche nicht erfolgte, verband sich der Rath mit Gilbracht von Buseck nnd Gerlach von Londorf am 8. März 1429 zu Eroberung desselben und zu gemeinschaftlicher Vertheidigung, besonders gegen den unruhigen Dietrich von Hattstein. Heftig wurde das Schloß berennt, und die Vorburg,

Henne von Hartenfels Haus, erobert. Schon hatten die Verbündeten die Pforte der Feste selbst aufgebrannt und hofften das Schloß in weniger Zeit ganz zu gewinnen, als Franke von Cronberg, der ein Pfandrecht an solchem hatte und es pfandweis mitbesaß, ihnen in den Rücken fiel und die Feste befreite. Am 9. August wurde in Aschaffenburg, unter Vermittlung der Erzbischöfe von Mainz, Trier und Cöln und des Markgrafen von der Pfalz, ein Versuch gemacht die Sache auszugleichen, und wenige Tage darauf, am 12. August, war mit Dietrich von Hattstein ein gütlicher Tag in Praunheim. Aber auch hier ward die Sache nicht vertragen. Das Ansuchen um Oeffnung des Schlosses wiederholte der Rath in Frankfurt am 14. Juni und am 21. September, das jedoch die Ganerben am 20. October ablehnen. Ein in Niedererlenbach gemachter Vergleichsversuch war vergebens. Am 26. Juni 1429 fingen der Stadt Frankfurt Söldner zwei Knechte Heinrichs von Hattstein, da sie über die Höhe ritten. Ihn selbst rettete die Schnelligkeit seines Pferdes. Ein Vergleichstag mit Dietrich in Oppenheim, der im Jahr 1430 gehalten wurde, erledigte die Zwistigkeiten nicht, und selbst im Jahr 1431 waren solche noch nicht gesühnt. Doch verglich sich Gilbrecht von Buseck im Februar dieses Jahres mit demselben, und am 12. Sept. kommt endlich zwischen ihm und der Stadt Frankfurt ein Vergleich zu Stande. Allen Ansprüchen entsagt er, die er an die Stadt haben mögte, wegen Zerstörung der Schlösser Danneberg, Hüwenstein und Elkerhausen, und verspricht noch hundert Gulden in messentlichen Terminen, zu zehen Gulden jeden, zu bezahlen.

Drohend hatte der Rath in Frankfurt am 7. September 1430 von den Ganerben nochmals Oeffnung des Schlosses Hattstein verlangt. Ablehnend antworteten sie, und ein Vergleichsversuch, der in Bonames gemacht wurde, beseitigte die Anstände nicht. Das Unwesen ward immerhin fort getrieben. Klöster, Dörfer, Land und Leute empfanden die Raubsucht der Hattsteiner. Das Kloster Eberbach beschädigten sie, in Schierstein (einem Dorf am Rhein, damals dem Vitzthum im Rheingau, Bos von Waldeck, gehörig) plünderten sie, und warfen nachher Fehdebrief auf einen Haufen Mist. Einem Priester aus dem Isenburgischen nahmen sie das Pferd und ließen ihn erst los, nachdem er eine Summe Geldes bezahlt hatte. Conrad genannt

Philipps fing einen Isenburgischen Unterthan, brandschatzte ihn und warf ihn ins Gefängniß, wo er wahnsinnig wurde und starb. Einen Bürger von Assenheim, Johannes Dauernheimer, mißhandelte er auf gleiche Weise; Lebenslang blieb solcher lahm. Einen andern Mann, den Conrad der Junge fing, ließ er zu Falkenstein unter dem Vorwand ermorden: Derselbe habe das Schloß Falkenstein an Frankfurt verrathen und ihn tödten wollen. Glaube, Recht und Treue schien in dem Geschlecht erloschen.

Länger konnten es die benachbarten Fürsten und Stände nicht ertragen und, um endlich Ruhe zu gewinnen, vereinigten sich am Vorabend des heiligen Apostels Jacobus des ältern (24. Juli 1432) Conrad Erzbischof von Mainz, Diether von Isenburg, Herr zu Büdingen, der Rath zu Frankfurt, Adam von Aldendorf, Johann Vos von Waldeck der alte, Vitzthum im Rheingau, und Wilhelm von Staffel der alte zu den kräftigsten Maßregeln gegen die Hattsteiner und ihr Schloß. Würde letzteres erobert, war die Abrede, so wollten es die Verbündeten als Ganerbschaft behalten und in jedem Fall sich beistehen und die Hattsteiner bekriegen, wo sie solche fänden. Nochmals wurde vergeblich Oeffnung des Schlosses Hattstein verlangt und dann Samstag nach Petri Kettenfeier 1432 (2. August) gegen Abend

„bei Sonnenschein und schönem lichtem Tag"

die Bewahr- und Feindesbriefe von Seiten der Verbündeten und ihrer Hauptleute und Söldner nach Hattstein an Conrad von Hattstein den Alten, Heinrich, Conrad, den man nennet Philipps und Philipps von Hattstein, Gebrüder, Wolf und Philipp von Hattstein Wittekinds Sohn gesendet, und Philipp von Hattstein dem Jungen eingehändigt. Die Ganerben waren alle im Schloß versammelt. Auch an Dietrich von Hattstein, der in Camberg wohnte, wurden die Bewahrbriefe geschickt; dieselben waren vom

„Donnerstag vor sant Peterstag als er in den Banden lag"

1432 (31. Juli) datirt. Dem Mitverbündeten Adam von Aldendorf wurde die Ausführung übertragen. Gegen Abend eine Stunde vor Sonnenuntergang desselben Tages, an dem die Bewarbriefe nach Hattstein gesendet waren (den 2. August), berennte er mit fünfzig Reisigen und vierzig Fußgängern das Schloß, und es wurde Niemand mehr hinein oder herausgelassen. Zu gleicher Tageszeit versammelte sich die übrige Belagerungsmannschaft bei Dornholzhausen. Der Erzbischof von Mainz sendete fünfzig mit Glenen Reisiger und Fußgänger, meistens Schützen, sodann viertausend Pfeile; der Herr von Isenburg zwanzig mit Glenen Reisiger und fünfzig Fußgänger; Frankfurt, unter Anführung des Hauptmanns Gerlach von Londorf, fünfzig gewappnete Reisige und sechzig zu Fuß mit Handbüchsen und Armbrüsten. Kriegsbedürfnisse führten sie reichlich und noch ein Faß mit Pfeilen und zwei oder drei Kammerbüchsen bei sich. Sonntags den 3. August früh Morgens, ehe die Sonne aufging, stand die gesammte Mannschaft vor dem Schloß und erstürmte es,

„da die sonne hohe vff vnd es ferr Dages gewest ist."

Ueber die Eroberung fehlen genauere Nachrichten; auch ist es unbekannt, ob Todte geblieben und außer Philipp von Hattstein und Conrad von Hattstein Knechte gefangen gemacht worden sind. An Waffen fanden sich im Schloß zwölf Handbüchsen, zwei Darressenbüchsen, sechstausend Klosser, dreitausend Pfeile und sechs Armbrüste [13]) vor, und im Chor der Antonien-Kapelle entdeckte man in einer Kiste und in einer Lade mehreren Hausrath, der Else von Hattstein gehörig. Anderer Beute wird nicht gedacht, und es ist wahrscheinlich, daß die Hattsteiner früher vieles anderswohin in Sicherheit gebracht hatten. Zugleich nahmen die Verbündeten die Güter in Niedererlenbach weg, welche Philipp und Conrad von Hattstein, Georg von Hattsteins Söhne, daselbst besaßen.

Schon am Tage nach der Eroberung am 4. August 1432 kamen die Verbündeten in Höchst zusammen und trafen über Bewaffnung und Verproviantirung des Schlosses kräftige Maaßregeln. Friedrich von dem Berge, den man nennet Kesseler, wurde gemeinschaftlicher Amtmann daselbst. Er erhielt eine Jahresbesoldung von vierzig Gulden, und mußte dafür einen reisigen Knecht und ein Pferd auf eigene Kosten halten. Sein Nachfolger, Clas Kesseler, der am 7. August 1433 die Stelle erhielt, wurde dafür nur mit dreißig Gulden bezahlt. Die Ganerben unterhielten ferner, auf ihre Kosten,

---

[13]) Eine Klosserbüchse schoß ohngefähr zwei Pfund Blei, und Klosser sind die Kugeln zu solchen. Eine Darressenbüchse war ein schweres Pulvergeschütz.

sechzehn gewaffnete Knechte daselbst, sodann 6 Wächter, einen Bäcker und einen Koch. Jeder der Wächter, der Bäcker und der Koch erhielten jährlich zehen Gulden und einen Rock. Außerdem wurde das Schloß mit zwölf Armbrüsten, dreitausend Pfeilen, vier Vogelerbüchsen, vierhundert steinernen Kugeln, zwanzig Hand-, acht Darressen-Büchsen und zwei Tonnen Pulver bewaffnet, auch mit vielem Hausrath und Lebensmitteln versehen. Die Herstellung des Schlosses und der Neubau einer Mauer wurde beschlossen, und fernere Maaßregeln zur Fortsetzung der Fehde getroffen.

Vergeblich baten die Hattsteiner um Rückgabe der Feste. Ein deßfallsiges Gesuch Conrads von Hattstein beantwortete der Rath am 16. Sept. 1432 dahin, daß man vergeblich vertragsmäßige Oeffnung des Schlosses und Erfüllung des Vergleichs von 1379 verlangt und und darum das Schloß erobert habe, mit dem Anfügen:

„daby wir iz auch uff dißmal bliben lassen."

Zur Sicherung und Bewahrung des Schlosses wurden die größten Vorsichtsmaaßregeln angewendet und auf die in der Mitte des Octobers 1432 geschehene heimliche Warnung gegen die Verrätherei eines im Schloß befindlichen Mainzischen Dieners, der für den Verrath zweihundert Gulden erhalten sollte, auf der Hut zu sein, wurden am 7. Oct. genau und namentlich die Personen bestimmt, welche von jedem Theil ausschließlich in das Schloß gelassen werden sollten. Bedeutende Vorräthe von Brodfrüchten und Wein wurden neuerdings in dasselbe geschafft, und ein Mönch bestellt um den Gottesdienst daselbst zu versehen.

Mit den gehässigsten Farben stellten die Hattsteiner die Eroberung der Burg dar. Nach Cölln, Strasburg und an andere Städte und Fürsten schrieben sie deßfalls. Dies bewog die Verbündeten auf Gallentag 1432 (16. Oct.) eine weitläuftige Urkunde zu verfassen und an den Landgrafen von Hessen und andere Fürsten zu senden. Einzeln werden in derselben die Neckereien der Hattsteiner aufgezählt, und die Gründe der Eroberung erörtert. Erbittert dauerte die Fehde mit den Hattsteinern auch im Jahr 1433 fort; sie erstreckte sich gegen jeden, der an der Eroberung der Burg Theil genommen hatte. Darum bescheinigt der Rath in Frankfurt sowohl, als der Hauptmann der Stadt Gerlach von Londorf, dem Schöffen Johann von Glauburg, dem Diener der Stadt Johann von Lichtenstein und dem festen Gilbrecht von Busek, daß sie bei der Eroberung weder bei ihnen gewesen, noch ihnen den Weg gezeigt, oder auf andere Art Vorschub geleistet hätten.

Der berüchtigte Dietrich von Hattstein schrieb am 6. Januar in den härtesten Ausdrücken an Johann Bos von Waldeck, Wilhelm von Staffel und Adam von Aldendorf; er nennt sie „verzagete Schälke, „ehrlose, treulose Bösewichter und Lügner". Burggraf und Baumeister zu Friedberg verwendeten sich besonders für ihren Ganerben Heinrich von Hattstein. Der Rath in Frankfurt antwortete sehr nachdrücklich: die Hattsteiner hätten weder den Vertrag von 1379 erfüllt, noch sich auf den gütlichen Tagen, auf welchen

„Ir Herre Burggrave vnd auch Here Gilbrecht Weise und me uwer
„Myde Burgman waret",

verglichen; darum habe man mit vollem Recht das Schloß erobert. Eine ausführliche Beschwerdeschrift übergab Conrad von Hattstein, der überhaupt als ein sehr unruhiger Mann erscheint, im Juli 1433 bei den Ganerben der Burg Friedberg: „Wiedder got ere und recht, „ane alle schulde vnd vnbesorgter Dinge — verrederklichen mit rechter „schalkerdat vnd Bosheid" habe man ihm das Schloß abgenommen, heißt es darin. Sonderbar genug werden in diesem Briefe nicht allein die Ganerben, sondern auch: „alle erber wohlgeboren Frauwen, myn „lieben Magen" mehrmalen angeredet. Weitläuftig wurde diese Klagschrift am 20. August beantwortet. In demselben Monat bat Philipp Wittekind von Hattstein den Rath in Frankfurt um Rückgabe des Schlosses:

„der ich dicke habe horin sagen, wie daz gar ein wise vnd rideliche
„rat zu Frankhfort sy, vnd ich auch nit andirßen wiß, der nemanß
„Vnricht ende rc."

Da der Rath sich zu nichts verstand, so sendete derselbe einen Fehdebrief. Sowohl gedachtes Schreiben als der Fehdebrief fangen an: Pougna pro patria rc.

Ein auf Verwendung des Landgrafen von Hessen im Februar 1433 in Friedberg versuchter Vergleich mißlang, und eben so wenig kam am 17. April unter Vermittlung des Grafen von Hanau ein gütliches Abkommen statt, das in Bergen versucht ward. Doch gelang es diesem endlich in Windecken am 15. Juli gedachten Jahres, die Sache des Schlosses zwischen den Eroberern und Heinrich und Conrad genannt Philipps und Philipps, Gebrüdern von Hattstein, zu vertragen, und so den Anfang zu gütlicher Auseinandersetzung zu machen. Gedachte Hattsteiner traten ihr Eigenthum in der Ganerbschaft — wozu außer dem Schloß mehrere Waldungen und Bezirke, sowie zwei Dritttheile des Dorfes Arnoldshain und einige Zehenten gehörten — förmlich an die Eroberer ab. Jeder der Gebrüder erhielt dagegen baar hundert Gulden in zwei Zielen, nämlich hundert Gulden am 8. Sept. und zweihundert Gulden am 11. November zahlbar, ferner für sich und seine Lehenserben von Mainz zehen Gulden, von Isenburg fünf Gulden und von Frankfurt zehen Gulden jährlich auf Winter Martini zahlbar zu Mannlehen. Die Ablösung dieses Lehens mit hundert Gulden für zehen Gulden ward auf den Todesfall eines der ersten Empfänger, jedoch mit der Bedingung vorbehalten, daß sodann der also abgefundene Lehnserbe eigene Güter im Werth von hundert Gulden dem seitherigen Lehensherrn zu eigen geben und von diesem zu Mannlehen wieder nehmen sollte. Außerdem wurden die in Besitz genommenen, den Hattsteinern gehörigen Güter in Niedererlenbach zurückgegeben, und die Gefangenen losgelassen. Hierauf errichteten die Eroberer am 16. Oct. 1433 einen Burgfrieden mit einander, der ihre gegenseitigen Rechte und Verbindlichkeiten bestimmte. Alle Jahre abwechselnd führten zwei der Ganerben das Baumeisteramt und die damit verbundene unmittelbare Aufsicht über Gebäude und Befestigungen der Burg und über Einnahme und Ausgabe. Die gewöhnliche Bewaffnung der Burg ward auf zwanzig Handbüchsen, acht Darressen-Büchsen, vier Vogelerbüchsen, zwanzig Armbrüste, vier Tonnen Pulver und zehntausend Pfeile, und der Mehlvorrath auf achtzig Achtel bestimmt.

Dietrich von Hattstein verglich sich am 12. Nov. 1433 mit der Stadt Frankfurt; doch erwähnt dieser Vergleich des Schlosses nicht. Schon im März 1433 hatte die Stadt Frankfurt das von den Gebrüdern Gottfried und Eberhard Herrn zu Eppenstein, als ihnen zustehend, in Anspruch genommene Oeffnungsrecht des Schlosses Hattstein, von welchem ihr nichts bekannt sei, abgelehnt, und im April des folgenden Jahres 1434 wurde ein feindlicher Anschlag auf dasselbe durch die Wachsamkeit des damaligen Amtmanns, Clas Kesseler, vereitelt. Die Besatzung wurde verstärkt, der Hauptmann der Stadt Frankfurt Gerlach von Londorf hingeschickt, und alles auf das sorgfältigste und so bestellt, daß ein Ueberfall nicht zu besorgen war. Ein abermaliger Versuch das Schloß zu gewinnen, ward in demselben Jahr vereitelt. Es waren Dietrich von Hattstein, mehrere von Reiffenberg und ein Cronberger, welche die Sache betrieben. Während die Schloßknechte nach Reiffenberg und anderswohin auf Kirchweihen zum Tanz und Wein ausgingen, sollten Söldner der Hattsteiner, Reiffenberger und Cronberger in den Kleidern der Schloßknechte sich in die Burg schleichen und solche auf diese Weise mit List gewinnen. Auch der Landgraf von Hessen und der junge Graf von Nassau, des Grafen Philipp Sohn, sollen den Anschlag unterstützt haben. Die Wachsamkeit der Besatzung verhinderte jeden Versuch. Auch das folgende 1435te Jahr machten dieselben einen feindlichen Anschlag auf das Schloß. Da man am 28. Mai mehrere feindliche Söldner in der Nähe des Schlosses herumschleichend gewahrte, riefen die Schloßwächter sie von der Mauer an, und verfolgten sie, als sie die Flucht ergriffen.

Manches war am Schloß und dessen Befestigung baufällig, und es war die Rede davon es mit einem Graben zu verstärken. Am 11. Nov. 1434 wurde den Baumeistern die Befugniß ertheilt, alle Gebäulichkeiten und Befestigungswerke ohne Anfrage im Stand zu erhalten. Wegen Errichtung neuer Gebäude sollen die Ganerben sämmtlich berathschlagen. In den folgenden Jahren 1435 und 1436 waren bedeutende Reparaturen am Schloß nothwendig, noch mehr im Jahr 1439.

Am 2. Mai 1435 trat Wolf von Hattstein seinen Theil der Ganerbschaft an die Verbündeten ab; gleiches thaten am 15. Juni 1436 Conrad von Hattstein und Henne sein Sohn, und am 14. August desselben Jahres Philipp von Hattstein genannt Wittekind, mit welchem bis dahin die Fehde dauerte.

Nach Abgang des Amtmanns, Clas Kesseler, erhielt der Mitganerbe Wilhelm von Staffel am 25. Juli 1436 diese Stelle. Gegen eine Besoldung von jährlich dreihundert fünfzig Gulden mußte er zwölf Menschen, nämlich eilf wehrhafte Männer und eine Magd, auf seine Kosten in Hattstein halten.

Dieterich von Hattstein, der öfterer Vergleiche ohnerachtet, nie seinen unruhigen Charakter verläugnete und schon im November 1435 die nach Hattstein gehörigen Ackerpferde geraubt hatte, mißhandelte, ohnerachtet eines am 24. Merz 1436 durch Gottfried Herrn zu Eppenstein vermittelten Vergleichs, noch im Juni desselben Jahres einen Zimmermann, der nach Hattstein geschickt war, um dort einige Arbeiten zu machen. Darum wurde ihm am 23. Sept. 1436 der mit ihm bestandene Friede aufgekündigt. Im Jahr 1437 bemühte sich Gottfried Herr zu Eppenstein abermals die Sache beizulegen; aber erst am 16. Febr. 1439 wurde sich mit ihm und seiner Hausfrau Catharine auf dieselben Bedingungen, wie mit den Uebrigen, des Schlosses wegen verglichen.

Bei dem Tode Wittekinds von Hattstein fielen die von Frankfurt zu Lehen tragende zehen Gulden jährlicher Rente auf seinen Vetter Dieterich, und jetzt machte der Rath von der Bedingung des Vergleichs Gebrauch und löste dieses Lehen mit hundert Gulden ab. Dagegen gab Dieterich am 16. Juni 1440 mehrere seiner eigenthümlichen Güter in Oberndorf und Niederembs dem Rath zu eigen und empfing solche zu Mannlehen. Auf gleiche Weise wurden allmälig die übrigen Hattsteiner abgefunden [14]).

Am 24. April 1441 ward der Graf Johann von Catzenelnbogen zum Ganerben in Hattstein aufgenommen.

Am Ende des Monats October 1442 wurden von Frankfurt zwei Knechte, zweihundert Fußeisen, Munition und ein Büchsenmeister nach Hattstein gesendet, letzterer um alle Waffen recht in Ordnung zu bringen, „den wir syne zu noit bedorffen, dan wir dy geste zytlich „Dage vnd nacht by vns haben", schreibt der Büchsenmeister Hans Grysen Horne, da er noch mehr Munition begehrt. Der Anschlag

---

[14]) Bis zum Jahr 1767 dauerte zwischen den Hattsteinern und der Stadt Frankfurt dieser Lehnsverband. Als in diesem Jahr mit Constantin Philipp von und zu Hattstein die Familie im männlichen Stamm erlosch, löste dessen (im Jahr 1826 noch lebende) Tochter Anna Theresia, vermählt an Franz Freiherrn von Guttenberg, von Frankfurt die Lehen mit 2171 Gulden im 22 Guldenfuß ein.

war gegen den Erzbischof von Mainz gerichtet, darum gaben auch die Reiffenberger drei Armbrüste und Pfeile, welche von Frankfurt nach Hattstein gesendet und von ihnen genommen waren, wieder zurück. Im Januar des Jahres 1443 wurde ein abermaliger feindlicher Anschlag auf Hattstein vereitelt. Unter dem Vorwand von Geschäften sollten bekannte Leute in das Schloß gehen, und heimlich versteckte Knechte, wenn das Thor geöffnet würde, hineindringen. Wahrscheinlich waren es wieder die Hattsteiner und Reiffenberger, die solches unternehmen wollten.

Die Ganerben Wilhelm von Staffel und Adam von Aldendorf waren schon im Jahr 1444 mit ihren zu Beamtung und Unterhaltung des Schlosses zu leistenden Beiträgen im Rückstand. Ihres Antheils am Schloß wurden sie daher verlustig erklärt. Voß von Waldeck, Vizthum im Rheingau, ward aus gleicher Ursache damit bedroht, und in demselben Jahre noch aus der Ganerbschaft gewiesen. Der am 14. Juli 1444 zum Amtmann in dem Schloß Hattstein ernannte Conrad von Schwalbach (aus der Familie mit den Ringen) erhielt eine jährliche Besoldung von Zweihundert fünfzig Gulden und mußte eilf wehrhafte Männer und eine Magd auf eigene Kosten halten. Walther von Reiffenberg, der am 25. Juli 1449 diese Stelle erhielt, übernahm gleiche Verpflichtung für zweihundert Gulden. Schon im October 1446 sagte der Graf Johann von Catzenelnbogen die Gemeinschaft auf, „synt mir myne sache zu dißen Zyten so gelegen das „mir nit füglich ist das sloß me zu halten", und im April 1448 verweigerte der Ganerbe Diether von Isenburg das Baugeld und die Besoldung des Amtmanns Conrad von Schwalbach mit dem es ihm ertragenden Drittel zu bezahlen; er erklärte überdieß, daß er ferner keinen Antheil mehr an dem Schloß haben wolle. Von hier an besaßen solches Mainz und Frankfurt allein. Von Seiten der Hattsteiner und Reiffenberger wurden die Versuche das Schloß wieder zu gewinnen stets wiederholt. Am 5. Juni 1444 und am 7. Mai 1446 ward der Rath in Frankfurt deßfalls gewarnt, und im Jahr 1448 machten sie abermals einen vergeblichen Versuch. Das Schloß war hinlänglich bewaffnet und wurde es noch mehr, da der Amtmann Conrad von Schwalbach die Unbrauchbarkeit der vorhandenen Armbrüste meldete und um drei gute Armbrüste mit der Bemerkung bat,

„dan ich dy von Ryffenberg alle Dage vor mir han". Die im Jahr 1449 geschehene Anlegung einiger Befestigungen beweist, daß man dem Besitz, ohnerachtet solcher mehr kostete als er eintrug, immer noch Werth beilegte.

Nur mit Schmerz sahen die Hattsteiner das Haus ihrer Ahnherren in fremden Händen. Da bis jetzt alle Versuche es mit List oder Gewalt wieder an sich zu bringen vergebens waren, so versuchten sie die Güte, und im November 1452 baten Philipp und Henne von Hattstein, jedoch vergeblich, ihnen das Schloß wieder zu geben. Im Jahr 1453 hatte Landgraf Ludwig II. der Friedfertige, von Hessen, Fehde mit Hans und Engelbert von Radenstein, Hans von Cronberg, Emmerich von Reiffenberg, Carl Schelm von Bergen und Haman Echter. Auch Schultheis, Bürger und Gemeinde in Reiffenberg nahmen daran, gegen den Landgrafen, Theil. Hessische Söldner überzogen die Gegend, und Jost von Hönstein, der in diesem Jahr von des Raths in Frankfurt wegen zwei und dreißig Wochen in Hattstein war, berichtete im Februar, daß die Hessischen Söldner den Wald abgebrannt und mehrere Gefangene von Arnoldshain (das zu zwei Dritteln nach Hattstein und zu einem Drittel nach Reiffenberg gehörte) weggeführt hätten. Im Herbst desselben Jahres durchzogen solche nochmals die Gegend, und die Benachbarten flüchteten ihr Vieh und ihre Habseligkeiten nach Hattstein. Am 22. Juni des Jahres 1454 erhielt Emmerich von Ockenhain, das folgende 1455ste Jahr Berlt von Merla, 1459 Herrmann Halbverloren und am 1. Nov. 1460 Friedrich von Reiffenberg die Amtmannstelle in Hattstein, die letzterer 1464 aufsagte. Gegen Bezahlung von zweihundert Gulden jährlich unterhielten sie auf ihre Kosten acht wehrhafte Männer und eine Magd. — Sehr baufällig war das Schloß zu der Zeit, als Conrad von Schwalbach Amtmann daselbst war (1444—1449), und im Jahr 1454, als Emmerich von Ockenheim als solcher im Juli installirt wurde, war es so zerfallen, daß man es ohne Herstellung nicht mehr halten konnte und jeden Tag den gänzlichen Einsturz befürchten mußte. Wirklich fiel auch im Februar 1456 ein Stück Mauer am äußern Theil des Schlosses ein, und ein anderes drohte den Einsturz. Es wurde jedoch hergestellt und eine neue Brücke gebaut. — Im Anfang desselben Jahres nahmen Adam von Altenstein, Meffried von Brombach und Conrad von Hattsteins Knechte den Amtmann Berlt von Merla gefangen und führten ihn nach Weltersberg. Die Stadt Frankfurt nöthigte solche jedoch, denselben wieder loszulassen und sämmtliche Kosten zu bezahlen. Dagegen versprach der Rath sich nicht weiter zu rächen. Doch war im Jahr 1459 und 1463 mit denselben abermals Fehde. — In letzterm Jahre hatte Frankfurt an seinem Theil für Unterhaltung des Schlosses sechs und dreißig Gulden und einen Turnos mehr ausgegeben als eingenommen.

Im März des Jahres 1456 wünschten Johann Graf zu Nassau und Eberhard von Eppenstein, Herr zu Königstein, als Ganerben des Schlosses Hattstein aufgenommen zu werden. Der Rath in Frankfurt, an den sie sich deßhalb wendeten, antwortet ihnen: Er könne für sich nichts thun und weist sie an den Miteigenthümer, den Erzbischof von Mainz. Letzterer, schon seit einiger Zeit in Bestellung und Unterhaltung des Schlosses säumig, neigte sich endlich so sehr auf die Seite der mit den Hattsteinern verbündeten und verwandten Reiffenberger, daß er sogar auf Sonntag vor Matthiastag 1461 (22. Februar) mit diesen einen Oeffnungsvertrag über das Schloß Reiffenberg abschloß und sich dafür zu jährlicher Zahlung von hundert Gulden verpflichtete. In einer andern, Dinstag nach Maurizientag (22 Sept.) eben dieses Jahres, ausgestellten Urkunde macht sich der Erzbischof Diether von Mainz für sich und das Erzstift gegen die Reiffenberger verbindlich, Frankfurt zu vermögen, das Schloß Hattstein gänzlich zu schleifen und, im Fall dieses nicht geschehe, das Schloß nicht mehr mit einem Amtmann, sondern nur mit einem Knecht, „so luderlich wir mechten" [15]), zu bestellen, auch nicht zuzugeben, daß es von Seiten Frankfurts hinlänglich besetzt werde. Mainz verpflichtet sich ferner, nichts an dem Schloß herzustellen und seinen Antheil nie an Frankfurt, auch sonst Niemand zur Ganerbschaft gelangen zu lassen. An demselben Tage stellte gedachter

---

[15]) Also heißt es in der im Frankfurter Archive befindlichen Abschrift. In dem Abdruck dieser Urkunde in der Deduction: Beurkundete Nachrichten von der Herrschaft Reiffenberg ꝛc. Anm. 41 S. 73. steht statt: „luderliche", nederlichst.

Erzbischof den Reiffenbergern noch eine Urkunde aus, nach welcher er des Erzstifts Antheil an dem Schloß, falls es geschleift und verwüstet würde oder zerfiele, den zwei Stämmen von dem Schilde Reiffenberg geboren überließ. Durch Friedrich von Reiffenberg wurde der Rath in Frankfurt von diesen Schritten des Erzbischofs in Kenntniß gesetzt, und dem Rath mehrmals angelegen, zu Vermeidung aller Irrungen mit den Reiffenbergern, deßfalls gütlich übereinzukommen. Der Rath lehnte es jedesmal mit dem Bemerken ab, daß er auf mehrfache Anfrage ganz ohne Antwort des Erzbischofs geblieben sei und allein nichts zu thun vermöge. In dem folgenden Jahr 1462 schickte die Stadt Frankfurt, da Frau Lise von Reiffenberg, ehliche Wirthin des Amtmanns Friedrich von Reiffenberg, in Abwesenheit des letztern am 4. October gedachten Jahres dem Rath schrieb sie habe erfahren, daß nach dem Schloß gestanden werde, mehrere Knechte und Waffen dorthin. Wenige Tage nachher versuchten die Königsteiner das Schloß mit List zu gewinnen. Einige ihrer Söldner waren schon heimlich in das Vorhaus gestiegen; vergebens versuchten sie es mit dem Schloß selbst. Die Schloßwache ward es gewahr, und die Ueberrumpelung mißlang. Erzbischof Diether (von Isenburg) war inzwischen abgetreten, und Walther von Reiffenberg mit seinen Helfern, welcher mit dem Erzbischof Adolph (von Nassau) und aller Pfaffheit im Stift Mainz in Fehde war, hatte auch dem Rath in Frankfurt am 3. August 1465 einen Absagebrief gesendet. Hiervon ward dem Erzbischof Nachricht mit dem Bemerken gegeben, daß man von Seiten Walthers für das Schloß besorgt sei; worauf derselbe zwei Knechte nach Hattstein schickte. Die Stadt Frankfurt bestellte solches indessen auf das beste und empfahl in einem Schreiben vom 19. Nov. 1465 dem Amtmann Henne von Fleckenbühl in Hattstein, Niemand ohne ein Schreiben des Raths in das Schloß zu lassen, „vnd besunders iß vnßere Meinung daz ir des sloßes groß acht habet da die Leuffe wilde steen vnd fest gewarnt worden.“ So standen die Sachen noch in der Mitte des Jahres 1466. Mehr als zwei Jahre hatte Frankfurt die Kosten des Schlosses und der Bestellung allein getragen. Darum schrieb der Rath am 20. Juli 1466 wiederholt dringend an den Erzbischof Adolph, fragte wegen der vertragswidrigen Uebereinkunft mit den Reiffenbergern an, verlangte vertragsmäßige Bestellung des Schlosses und Ersatz der über vierhundert Pfund Heller betragenden Auslagen. Angefügt ward, daß man im Fall der Nichtzahlung binnen vierzehn Tagen, den Betrag nach Inhalt des Burgfriedens für Rechnung des Erzbischofs aufnehmen werde. Da abermals keine Antwort erfolgte, so eröffnete der Rath dem Erzbischof am 20. August schriftlich: daß die seitherigen Kosten vierhundert acht und siebenzig Pfund Heller betrügen, und daß er die Hälfte mit zweihundert neun und dreisig Pfund für Rechnung des Erzbischofs und auf dessen Schaden, bei Isselm dem Juden, aufgenommen habe. Der Rath ersuchte dieses zu bezahlen, das Schloß nach Inhalt des Burgfriedens zu bestellen, und verwahrte sich noch gegen allen Nachtheil und etwaigen Verlust des Schlosses.

Aber auch dieses Schreiben blieb fruchtlos. Die Fehde mit Walther von Reiffenberg dauerte immer noch, und die Lage des Schlosses, das ohnehin gänzlich zerfallen war, wurde täglich mißlicher. Dinstag den 12. Mai 1467 entschied sich dessen Schicksal. Heimlich hatten sich zwei Knechte Walthers von Reiffenberg im Vorhaus der Burg verborgen. Zwei Schloßknechte waren aus dem Schloß gegangen, nur der Amtmann Henne von Fleckenbühl, ein Knecht und eine Magd waren in solchem; woraus hervorzugehen scheint, daß es nur mit drei Knechten besetzt war. Die Magd — wahrscheinlich mit Walther von Reiffenbergs Knechten einverstanden — öffnete um Mittag die Pforte, und Walthers Knechte liefen ihr solche ab. Mehrere Söldner Walthers folgten, Henne von Fleckenbühl, im Bade sitzend, und ein Knecht wurde gefangen; ein anderer brachte noch denselben Tag die Nachricht nach Frankfurt, von wo aus sogleich an den Erzbischof von Mainz geschrieben wurde. Aber auch jetzt beharrte dieser auf seinem Stillschweigen. Walther von Reiffenberg führte nun Geschütz, Hausrath und Lebensmittel aus dem Schloß und verließ es wenige Tage nach der Eroberung, nachdem er es in Brand gesteckt und die Mauer niedergerissen hatte.

Frankfurt ging nun seinen eignen Weg und schloß am 17. März 1468 mit Johann Grafen zu Nassau, Jungherrn Eberhard Herrn zu Eppenstein und Königstein, Philipps von Hattstein, Henne von Hattstein, Conrads seeligen Sohn, Henne und Conrad von Hattstein, Gebrüdern, Diethers Söhnen, einen Vergleich ab, in welchem es seinen Antheil an Hattstein denselben unter der Bedingung überließ, daß sie solches binnen sechs Jahren neu erbauen und als Burg herstellen, auch auf ewige Zeiten nichts vom Schloß oder dessen Zugehör veräußern sollten. Sich behielt die Stadt die Oeffnung und das Recht bevor, gegen Zahlung von zehen Gulden jährlich an die Baumeister wieder zur Ganerbschaft zu gelangen. Am 4. April wurden die Urkunden gegenseitig ausgestellt. Weder in diesen noch in spätern Urkunden wird des Erzstifts Mainz oder der Reiffenberger gedacht. Auf welche Art diese ihre Ansprüche verloren haben, ist unbekannt. — Das Schloß wurde wieder hergestellt, und in dem Burgfrieden, welcher am 29. April 1494 errichtet ward, wurden Frankfurt die bei der Abtretung bedungenen Oeffnungs- und andern Rechte vorbehalten. Als Ganerben erscheinen jetzt: Adolph und Philipp, Gebrüder, Grafen von Nassau, als ein Stamm. Eberhard, Philipp und Georg, Gebrüder, von Eppenstein, Herrn zu Königstein und Münzenberg, als ein Stamm. Philipp, Dieterich und Ludwig, Gebrüder, Marquard, Johann und Philipp, sämmtlich von Hattstein, als ein Stamm. Hans und Philipp von Karspach, Henrich Riedesel, und zwar letztere drei mit der Bestimmung, daß jeder derselben mit einem einzelnen Hattsteiner gleiches Recht und Verbindlichkeit haben solle. Erbburgmänner waren damals zu Hattstein: Johann von Langel, genannt Werths, Johann von Wernoff, Henne von Istatt, genannt Hattstein, Wilhelm von Clevill, Ulrich von Wombach, Henrich Eppenstein, Gilbracht Ritteselm, Helferich Strommeln, Eberhard von Grivestein, Melchior und Henne Isenbergk, sodann Caspar Sthiering von Obernstein. Nach vorgängiger Mahnung müssen sie in Person, oder durch einen andern an ihrer statt, auf Kosten der Ganerben jährlich einen Monat Burghut thun [16].

Wegen Bedrückung der Hattsteiner und Reiffenberger erhob Franz von Sickingen Fehde mit Hessen, und die Ganerben von Reiffenberg, die Hattsteiner und Cronberger nahmen an solcher gegen Hessen Theil; namentlich unterschreibt Conrad von Hattstein den

---

[16]) Die angeführte Deduction: Beurkundete Nachrichten. Reiffenberg. S. 10. Nr. 5. der Urkunden.

Fehdebrief [17]). Hessische Krieger überzogen die Gegend, Cronberg kam 1522 in die Gewalt Philipps des Großmüthigen, als Hessische Landstadt huldigte es 1528. Erst nach langen Jahren (1541) wurde es den Cronbergern zurückgegeben. Ohne Zweifel wurden auch Reiffenberg und Hattstein in diesem Krieg heimgesucht.

Nichts merkwürdiges ist mir aus dem folgenden Zeitraum von Hattstein bekannt. In den Händen der mächtigsten Nachbarn und bei dem allmälig größern Ansehen des Landfriedens scheint es ungewohnter Ruhe genossen zu haben, und solche wurde wohl noch durch die Uneinigkeit der benachbarten Reiffenberger, die sich um den Besitz und um das Recht des Besitzes des Schlosses Reiffenberg stritten, mithin anderwärts beschäftigt waren, befestigt. Noch im Jahr 1614 war das Schloß in völligen Stand und zur Hälfte Eigenthum Philipp Georgs von und zu Hattstein. Seit dem Burgfrieden von 1494 muß hiernach in Theilung der Burg und der Zahl der Ganerben bedeutende Aenderung vorgefallen sein. Gedachter Philipp Georg von und zu Hattstein war verschuldet und hatte sich mit dem Freiherrn Johann Heinrich von Reiffenberg wegen seines Antheils am Schloß Hattstein in Verpfändungs- oder Verkaufsunterhandlungen eingelassen. Man findet letzteren im Jahr 1614 im Mitbesitz gedachten Schlosses, und er machte aus eben berührtem Vertrag Eigenthumsansprüche, die der Hattsteiner jedoch in Abrede stellte. Der Hattsteiner verkaufte nun — wahrscheinlich um den Reiffenberger mit seinen Ansprüchen zu verdrängen und das Schloß bei der Familie zu erhalten — am 1. Oct. 1614 sein „halbtheil an dem Schloß Hattstein mit dem Geschütz und Wildgarn, so jetzo daruff", so wie die ihm gehörigen Waldungen, Aecker und Wiesen, Zinsen und Renten, ferner das ihm zustehende Viertel der hohen und niedern Obrigkeit in Arnoldshain ꝛc. an seinen Vetter Johann von Hattstein für dreizehn tausend Gulden; doch behält er sich und seine Nachkommen auf den Fall, daß die Linie seines Vetters Johann und dessen Bruders im

---

[17]) Senkenberg sel. etc. et hist. tom. V. S. 665. — Reiffenbergische Deduktion S. 15. — Teuthorn Geschichte der Hessen. Thl. 7. S. 746.

[18]) Man sehe die Geschichte Reiffenbergs.

Mannesstamm erlöschen sollte, das Rückkaufsrecht gegen Erlegung obiger dreizehntausend Gulden bevor [19]). Der Verkauf fand aber zweifelsohne Anstand, weil der Reiffenberger seine Ansprüche mit Geld nicht wollte ausgleichen lassen; denn noch am 29. Dezember 1616 bot Philipp Georg von und zu Hattstein dem Freiherrn Johann Heinrich von Reiffenberg Rückzahlung „der ausgelegten Summe Geldes an, welche an der Kaufsumme seines Antheils des Hauses Hattstein cum pertinentiis erlegt worden“, welches Anerbieten er am 27. März 1618 wiederholt [20]). Während des dreißigjährigen Krieges war Hattstein noch im Besitz der Hattsteiner, und im Jahr 1656 wohnte daselbst die Wittwe des Obersten Philipp Eustachius von Hattstein, Juliane geb. von Horneck, mit ihren beiden minderjährigen Söhnen Johann und Heinrich Friedrich. Die Reiffenberger setzten jedoch ihre Ansprüche gewaltsam durch, und der Domherr Philipp Ludwig von Reiffenberg ängstigte die Hattsteinischen Dienstboten mit harten Drohungen und Einsperrungen dergestalt, daß dieselben auf Hattstein nicht mehr aushielten; namentlich verließ ein Hirte der Wittwe von Hattstein das Vieh auf der Weide, wegen Mißhandlung. Den Pfarrer zu Anspach ließ er, weil er einmal auf Hattstein geprediget, verhaften und strafte ihn um 100 Gulden. Die Reiffenberger Familie, namentlich der Domherr Philipp Ludwig von Reiffenberg kam daher in den alleinigen Besitz der Burg Hattstein, die, nach Gefangennehmung des Domherrn, mit seinen übrigen Besitzungen von Mainz eingezogen, von jetzt an, ohnehin zerfallen, nicht mehr bewohnt wurde und ihrem gänzlichen Verfall entgegen ging. Nach seinem im Jahr 1686 erfolgten Ableben trat, als Regredienterbin, dessen ihn überlebende Schwester Johanna Walpurga, vermählt an den Freiherrn Lothar Franz von Waldpott-Bassenheim, auf, und ihre Nachkommen sind noch in neuester Zeit, unter Herzoglich Nassauischer Hoheit, Eigenthümer der Ruinen [21]).

---

19) Reiffenbergische Deduction. S. 153. Nr. 89.

20) Deßgleichen S. 70. Nr. 35 und 36.

21) Annalen des Vereins für Nassauische Alterthumskunde Bd. 4. Hft. 1. S. 70.

Das Wappen der Hattsteiner war eins mit dem ihrer Stammgenossen, der Reiffenberger und zwar der Westerwälder (Weller) Familie: ein silberner Schild mit drei von der rechten zur linken Seite schräg abwärts laufenden rothen Balken, und auf dem Helm zwei eben so bezeichnete, gewöhnlich aufeinander liegende, zuweilen gegen einander stehende Adlersflüge. Bis in die Mitte des fünfzehnten Jahrhunderts stand zwischen den Flügen bald ein stehender, seltener ein wachsender Kranich. Später findet man diesen nicht mehr [22]).

Auch das Geschlecht der Hattsteiner ist mit Johann Constantin Philipp von und zu Hattstein am 4. October 1767 im Mannesstamm erloschen, nachdem es länger als sechshundert Jahre geblüht hatte. Ruhe, ihm in der Vorzeit fremd, fand es im stillen Grabe; der Schleier der Vergessenheit sinkt leise und allmälig herab auf die Grüfte, die ihren Staub bedecken, auf den Namen der Hattsteiner und die Burgruine [23]).

Nur am Himmelfahrtfest, vom Mittage bis zum Abend, belebt sich die Gegend alljährlich, und die Umwohner feiern daselbst ein aus früher Vorzeit herrührendes, bereits im Jahr 1415 begangenes Volksfest. Da erscheint denn wohl — also die Sage — wenn das Fest sich bis zur späten Nacht verlängert in einer Fensteröffnung der Burgruine eine weiße Gestalt, die mit dem dreimaligen Ruf: „Geht heim", zur Heimkehr mahnt [24]).

---

[22]) Die Wetterauer Reiffenberger Familie hatte zwar gleiches Schild, jedoch außer den Balken im Schild noch eine Bank und auf dem Helm, statt der Fliege, Eselsohren.

[23]) Alle in vorstehender Geschichte enthaltene Thatsachen, deren Quellen nicht angegeben sind, gründen sich auf Urkunden im Archive der freien Stadt Frankfurt, die der Verfasser vor Augen hatte. Einige derselben sind in Lersners Chronik Thl. 2. S, 641 abgedruckt.

[24]) Annalen des Vereins für Nassauische Alterthumskunde. Bd. 4. Heft 1. S. 72. — Abbildungen von Hattstein kenne ich keine.

X.

Das Grabdenkmal

auf dem

Friedhof zu Cronberg.

Leise Geisterschauer wehen
Ueber der Zerstörung noch.

(Schreiber.)

Zu den vielen Dynasten- und Adelsfamilien unserer Gegend, die längst im Mannesstamme erloschen sind, gehören auch die von Cronberg, als eins der ältesten deutschen Geschlechter. Wenn schon zum niedern Adel gehörig, waren sie doch mit den benachbarten Dynasten von Hanau, Erpach, Nassau, Ysenburg, Sain, Falkenstein und andern vielfach verschwägert [1]). Eberwein von Cronberg war 1299 Bischof von Worms, Walther im Jahr 1527 Hoch- und Deutschmeister und Johann Schweikard 1604 Kurfürst und Erzbischof von Mainz. Der letztere ließ das Schloß in Aschaffenburg erbauen [2]). In den ältesten Zeiten nannte sich die Familie von Askeburne (Eschborn), einem eine Stunde von Cronberg gelegnen Dorf, doch nahm sie schon am Ende des zwölften oder am Anfang des dreizehnten Jahrhunderts den Namen: Cronberg, von ihrem vor der Höhe erbauten Schloß an. Ohngefähr zu derselben Zeit theilte sich die Familie in zwei Stämme, von verschiedenen Helmzierden ihres Wappens der Flügelstamm und der Kronenstamm bezeichnet. Ersterer verblühte mit Johann Eberhard von Cronberg am 8. Oct. 1617; letzterer mit Johann Niclas von Cronberg, der, in den Grafenstand erhoben am 17. Juli 1704

---

[1]) Humbracht, die höchste Zierde Deutschlands. Tafel 10, 11 und 12.

[2]) Dohl, Geschichte von Aschaffenburg. Darmstadt 1818. S. 23. — Das Aschaffenburger Schloß ward in den Jahren 1605 bis 1614 erbaut, und hierauf die Summe von 316,000 Gulden verwendet. Nach dem Handbuch für Reisende auf dem Main von Hänle und Spruner, Würzburg 1845, wird dieses Baukapital zu einer Million Gulden angegeben.

unverheurathet auf dem Schloß Holtenfels bei Dietz starb und das Geschlecht im Mannesstamm beschloß [3]).

Viele der Cronbergischen Familie ruhen in der Evangelischen Stadt-, andere in der Katholischen Schloßkirche, wo kunstreiche Denkmale mit geharnischten Ritter- und sittsamen Frauenbildern ihre Ruhestätten bezeichnen. Leider entgingen mehrere dem Vandalismus der Beschädigung oder der Zerstörung nicht; namentlich ward jenes des glaubensstarken Hartmuth und seiner Gattin, des Freundes von Luther und Sickingen und des letztern Schwiegersohns, vor ohngefähr sechszig Jahren weggeschafft und zerschlagen, um in der Mitte der protestantischen Kirche, wo beide, auf einem Sarkophag ausgehauen, mit einem kunstreichen eisernen Gitter geschützt, ruhten, Platz für wenige Stühle zu gewinnen. Zu gleichem Zweck wurden andere verstümmelt [4]).

Nur Ein Grabdenkmal, die Ruhestätte eines Edeln von Cronberg bezeichnend, erhebt sich auf dem Friedhof des Städtchens vor dem Frankfurter Thore. In Lebensgröße und in ganzem Waffenschmuck, von rothem Sandstein ausgehauen, kniet ein Ritter frei auf einem Postament, ein vor ihm hoch aufgerichtetes Cruzifix anbetend. Rechts neben ihm liegt sein Helm. Man erkennt die verwitterten Züge seines Gesichts, das ein langer Bart ziert, nicht mehr; der linke Fuß, die Hände, und das Schwert hat der Zahn der Zeit vernichtet, am rechten Oberarm hat sich ein Stück abgelößt. Eine metallne Tafel am Stamm des Kreuzes unter den Füßen des Heilandes trug in gewöhnlichen lateinischen Inittialbuchstaben die Inschrift:

O Her, vor dir seind nitt ungezehlt
gewesen meine Fustrit, mein Wegfahrt
ist gestanden in deiner Hand erbarm
dich mein o du mein treuer Gott
Vater schoepfer und Heiland. — 1573 [5]).

---

[3]) Humbracht l. c. — Das Dorf Eschborn führt noch jetzt in seinem Siegel die Helmzierde des Kronenstammes, eine Krone mit zwei Adlersflügen, die mit Eisenhütlein geziert sind.

[4]) Eigene Beobachtung. Die Zerstörung des Grabmals Hartmuths und seiner Gattin hatte ohngefähr im Anfang der neunziger Jahre des vorigen Jahrhunderts statt. Einige Schuld gibt man dem damals als Oberpfarrer in Cronberg gestandenen bekannten Pomologen, Christ.

[5]) Deßgleichen und Mittheilung eines Cronberger Bürgers.

An dem unter dem Kreuzesstamm in Stein gehauenen Wappen des Flügelstammes steht gleichfalls die Jahrzahl 1573. Das Fußgestell, worauf der Ritter und das Cruzifix stehen, mag fünf Schuh ins Gevierte haben und eben so hoch sein; die Ecken und das Gesimms sind von gehauenen, die Felder von Bruchsteinen aufgemauert [*]). Da es nur durch das Wetter seit Jahrhunderten beschädigt ist, erkennt man in dem Denkmal Kunst und Geschmack. Vor ohngefähr dreißig Jahren stürzte Muthwille — um es glimpflich zu bezeichnen — das Bild des Ritters herab, und erst im Jahr 1834 ward solches, freilich noch mehr beschädigt, auf die alte Stelle erhöht; die metallne Inschrift ward damals gleichfalls abgerissen und nicht wieder aufgefunden.

Eine weitere Inschrift fand sich nicht, und im Zeitenstrom ist der Name dessen versunken, der im Bilde seine Ruhestätte bewacht. Vielleicht trägt folgendes zu einiger Aufklärung bei.

Bekanntlich nahmen die Cronberger, nämlich Hartmuth (Hartmann) von Cronberg, vom Kronenstamm, ein Schwiegersohn Sickingens, bekannt durch seine Anhänglichkeit an die Reformation, und Caspar von Cronberg, vom Flügelstamm, die einzigen damals lebenden Familienhäupter, Theil an der Sickingschen Fehde. Darum zogen Richard Erzbischoff von Trier und Kurfürst, Ludwig Kurfürst und Pfalzgraf bei Rhein nnd Philipp der Großmüthige von Hessen am 21. Oct. 1522 vor Cronberg. Die Fürsten waren selbst anwesend. Die Hessen, an Reutern fünfzehnhundert Mann stark, standen bei dem neuen Holz am Galgen in dem Lager; die Pfalzgräfischen, welche sechshundert Reuter bei sich hatten, am Geyersberg. Die Trierer, welche mit vierhundert Reutern in Neuenagen (Neuenhain), Münster und Liederbach standen, nahmen an der Belagerung keinen Theil. Die gesammte Mannschaft der Verbündeten, mit welcher sie damals gegen Sickingen zogen, rechnete man auf dreißig tausend Mann. In Cronberg — wo nur Junker Quirin von Cronberg, Edelknecht, und keiner der Ganerben anwesend war (es scheint nur eine Sage, daß Hartmuth von Cronberg durch einen unterirdischen Gang aus der belagerten Stadt entflohen sei — lagen

[*]) Eine Abbildung des Monuments befindet sich in Morgensterns malerischer Wanderung, 1805.

zwanzig Reuter, sechszig Fußgänger und dreißig zur Vertheidigung aufgebotene Landleute aus Eschborn und Niederheckstadt, „ungeschickte, fule, eigenwillige Buren", sagt ein gleichzeitiger Erzähler. Die Bürgerschaft, alles mitgerechnet, war ohngefähr hundert und sechszig wehrhafte Männer stark. Samstag den 21. Oct. 1522 Nachmittags um drei Uhr geschahen von den Hessen drei Schüsse aus halben Schlangen gegen das Schloß. Einer traf den freistehenden Thurm, zwei schlugen in Junker Franken Haus, jedoch ohne Schaden. Man sagt, der Landgraf habe das Geschütz selbst gerichtet und abgebrannt. Sonntags machten die Belagerer Schanzkörbe, und Abends gegen vier Uhr warfen die Pfälzer am Frankfurter Thor, die Hessen aber bei St. Wendel Schanzen auf, und beschossen von Montag früh bis Dinstag Mittag, die Stadt mit schwerem Geschütz. Mehrere eiserne Kugeln wogen fünf und neunzig Pfund. Mittwoch den 25. October wurden der Uebergabe wegen Unterhandlungen angeknüpft, und Donnerstag den 26. ward die Stadt und das Schloß übergeben. Die Fürsten kamen selbst in die Stadt, ließen sich sogleich vor dem Rathhaus huldigen, und versprachen der Bürgerschaft sie bei ihren Freiheiten zu schützen. Cyriacus von Darsingen wurde gemeinschaftlicher Amtmann, und der Cronberger Schultheis und Baumeister, Johann Scherer, gemeinschaftlicher Keller. Jeder der Fürsten besetzte Cronberg mit zwanzig Mann. Von den Belagerten blieb ein Mann todt, und einer ward verwundet; von den Belagerern sollen mehrere verwundet worden und geblieben sein [7]).

Gemeinschaftlich behielten die Verbündeten Cronberg, nachdem sie den Antheil, den Jacob von Cronberg (Hauptmann in Frankfurt und Bruder des vorbemerkten Junkers Quirin, die an der Fehde keinen Theil nahmen), erkauft hatten, bis in das Jahr 1523, wo sie es an Hessen gänzlich abtraten. Im Jahr 1526 wurde die Reformation eingeführt, und im Jahr 1528 huldigte Cronberg als Hessische Landstadt [8]).

---

[7]) Tendeln, Beschreibung der Belagerung von Cronberg. Gießen 1664. — Lersner Frankfurter Chronik. Thl. 1. S. 375. — Teuthorn Geschichte der Hessen. Bd. VII. S. 766.

[8]) Deßgleichen S. 431.

Lange waren die Bemühungen der Cronberger, den Sitz und das Erbe ihrer Ahnen wieder in ihre Hände zu bringen, vergeblich. Endlich am 2. November 1541 trat der Landgraf von Hessen dasselbe an die Cronberger, namentlich an Hartmuth (denselben, dem es in der Sickingschen Fehde entzogen worden war, † den 7. August 1549) und seine drei Söhne Philipp († ?), Hartmuth († 1591) und Walther († 1588), vom Kronenstamm, sodann an die Söhne des indessen verstorbenen Caspar von Cronberg, desselben, der gleichfalls in die Sickingsche Fehde verwickelt war, nämlich Georg († 1547) und Caspar († ?), Gebrüder, von Cronberg vom Flügelstamme, wieder ab [9]). Die Bedingungen dieser Rückgabe sind bekannt, und ebenso, daß Cronberg von da an in ununterbrochenem Besitz der Familie bis zu deren Erlöschen verblieb, wo solches, vermöge einer vom Kaiser erhaltenen Exspectanz — es war Reichslehen — auf Mainz, und nach Erlöschen dieses Erzstifts im Jahr 1803 an das Herzogthum Nassau fiel.

Daß der Cronberger, der unter dem Monument auf dem Friedhofe ruht, dem Flügelstamm angehört, zeigt das an dem Cruzifix befindliche Wappen. Letzteres und die metallene Tafel enthalten in der Jahrzahl 1573 ohne Zweifel das Todesjahr. Ich habe oben angeführt, daß der Landgraf von Hessen Cronberg auch an die Gebrüder Georg und Caspar von Cronberg von dem Flügelstamm abtrat. Damals lebten diese allein vom Flügelstamm, welches sich nicht allein durch den mit Hessen abgeschlossenen Vertrag, sondern auch dadurch beweist, daß in dem von den Cronbergern errichteten Burgfrieden von 1567 [10]) ausdrücklich gesagt wird, daß von denen, welche den Hessischen Vertrag gemacht hätten, alle von Cronberg, die jetzt lebten, abstammten. Georg von Cronberg starb 1547, und sein einziger Sohn Johann Eberhard beschloß am 8. Oct. 1617 den Flügelstamm. Keiner der-

---

[9]) Vorstellung einer Evangelischen Gemeinde zu Cronenberg, erlittene Religionsdrangsale betr. Folio 8. a. §. 2 und Beilage 1 und 2. — Zeitschrift des Vereins für Hessische Geschichte und Landeskunde. Zweites Supplement. — Hessische Chronik von Wigand Lauze. Zweiter Theil. 1. Band. Kassel 1841. S. 45 ff.

[10]) Deßgleichen Beilage 3.

selben kann daher unter dem Monument ruhen. Es bleibt also nur Caspar von Cronberg übrig, der 1567 noch lebte, wo er den eben berührten Burgfrieden mitabschloß. Sein Sterbejahr habe ich nirgends aufgezeichnet gefunden, aber ohne Zweifel ist solches das Jahr 1573, da er nicht nur wenige Jahre vorher noch lebte, sondern auch um diese Zeit in ziemlich vorgerücktem Alter stand, und auch seine Kinder, ein Sohn früher, die andern alle später starben [11]).

Aus diesen Gründen glaube ich nicht zweifeln zu sollen, daß dieses Grabdenkmal die Ruhestätte Caspars von Cronberg, eines derer würdig bezeichnet, die das Erbe ihrer Väter aus Hessischem Besitz wieder erwarben und besaßen. Auf dem Friedhofe unter dem Dom des Himmels und unter den ewigen Sternen ruht er darum, weil er, wie der ganze Flügelstamm, der römischen Lehre anhängend, in der protestantischen Kirche nicht ruhen konnte, und weil die enge Schloßkapelle ihm keinen passenden Raum gab. Ruhig und in Frieden ruhe sein Staub neben oder unter dem Denkmal, das Liebe und Freundschaft ihm im Tode weihte, und die Pietät der Nachkommen erhalte es an der ihm geweihten Stelle!

---

11) Humbracht l. c.

Zeitfracht Medien GmbH
Ferdinand-Jühlke-Straße 7
99095 Erfurt, Deutschland
produktsicherheit@kolibri360.de